港珠澳大桥

The Hong Kong-Zhuhai-Macao Bridge

《港珠澳大桥》纪录片摄制组　著

新世界出版社
NEW WORLD PRESS

图书在版编目（ＣＩＰ）数据

  港珠澳大桥 / 《港珠澳大桥》纪录片摄制组著．——
北京：新世界出版社，2018.9（2019.3 重印）
  ISBN 978-7-5104-6592-5

  Ⅰ．①港… Ⅱ．①港… Ⅲ．①跨海峡桥－桥梁工程－
概况－中国 Ⅳ．① U448.19

中国版本图书馆 CIP 数据核字 (2018) 第 209591 号

港珠澳大桥

作　　者：《港珠澳大桥》纪录片摄制组
责任编辑：闫传海 孔德芳
装帧设计：贺玉婷
责任印制：王宝根
出版发行：新世界出版社
社　　址：北京西城区百万庄大街 24 号（100037）
发 行 部：(010) 6899 5968 (010) 6899 8705（传真）
总 编 室：(010) 6899 5424 (010) 6832 6679（传真）
http://www.nwp.cn http://www.nwp.com.cn
版 权 部：+8610 6899 6306
版权部电子信箱：nwpcd@sina.com
印　　刷：北京东方宝隆印刷有限公司
经　　销：新华书店
开　　本：710mm×1000mm 1/16
字　　数：200 千字
印　　张：14
版　　次：2018 年 9 月第 1 版　2019 年 3 月第 2 次印刷
书　　号：ISBN 978-7-5104-6592-5
定　　价：68.00 元

目录

前言

心潮澎湃逐浪高

看纪录片《港珠澳大桥》感言

陈光忠

　　作为一名纪录片战线上的老兵，20世纪50年代，我有幸参与拍摄过纪录电影《武汉长江大桥》，成为历史的记录者。当今时代是一个伟大的时代，在工程建设领域，我们建设了一批世界级的大国工程。因此，当代纪录片人是幸福的。港珠澳大桥是我国新世纪的一项宏大工程，以闫东为代表的纪录片同人几乎全程拍摄记录了大桥的建设过程，记录了一个个勤劳、智慧、勇敢的建设者。现在，他们将港珠澳大桥及其建设者的故事以纪录片的形式呈现给观众。同时，摄制组也与新世界出版社合作，推出这本记录港珠澳大桥的图书。希望《港珠澳大桥》纪录片和图书能让广大观众和读者了解港珠澳大桥的非凡成就和意义，认识平凡建设者不平凡的事迹，同时也为我们的国家、我们的民族、我们的后代留下宝贵的历史记忆。下面谈一下我观看纪录片《港珠澳大桥》的感受：

　　（一）直白是纪录片、纪录片人、纪录片精神的真实品格与气质

　　中国改革开放四十年，正经历着人类文明史上千年未有的大变局。

再没有什么时代比今天的科技更迅猛地改变世界，改变我们的思维与观念，改变我们的生存状态。世界的风云与信息，掌握在小小的手机和平板电脑之中。

再没有什么时代比今天面临的挑战、危机和机遇更加严峻、复杂和难以预测。

再没有什么时代更加让人感到"环球共此凉热"的人类命运是如此休戚相关。

再没有什么时代世界对中国关注的目光比今日更敏感和更聚焦。

再没有什么时代比我们今天更加有底气地接近中华民族伟大复兴的目标。

此时央视精心制作的《港珠澳大桥》纪录片，隆重献映，震撼登场。

举世瞩目的港珠澳大桥，是在"一国两制"的条件下珠联璧合、首次共建的跨海世界级交通工程。

它是世界最长的跨海大桥，世界最长的海底隧道，世界最长的钢结构桥梁……

港珠澳大桥挑战极限，自主创新，填补了许多科技空白，刷新了多项世界纪录，创造了"当惊世界殊"的中国奇迹，显示了中国力量，实现了零的突破，给了世界一个大惊叹号。

2015 年英国《卫报》，将港珠澳大桥誉为"现代世界七大奇迹"之一。

为此，曾想过起一个能同中国第一座超级跨海大桥的辉煌成就相匹配，能适应市场，吸引观众眼球，华丽一点、厉害一点、响亮一点的片名。

其实，港珠澳大桥已经是一张具有全球影响力的名片了，所以任何刻意粉饰拔高和包装的拟名，都流于俗套、肤浅和苍白无力了。

我赞赏这个直白的《港珠澳大桥》的片名，醒目，鲜明，实在。

返璞归真的片名，体现了这部纪录片坚持纪实风格的总体艺术构思和精准定位，凸显了港珠澳大桥这个重磅题材的不可替代的独特性、独创性、权威性和唯一性，体现了纪录片真实性的底色、本色和亮色，表现出总编导闫东及其团队在记录新时代、见证新征程的使命自觉和文化自信，坚持纪录片的求真、求美、求新、求深的执着，激情如火、理性如水的真诚艺术个性。

《港珠澳大桥》是站在人类命运共同体的制高点、世界博弈与竞争的关注点和新时代的出发点，给世界唱响中国和平与发展的主旋律，给世界讲好港珠澳大桥的故事。

（二）挫折与困难逼出来的惊人爆发力和创造力

影片真实地反映港珠澳大桥在建造过程中的挫折与困难，艰辛与风险。

中国工程人员曾去国外考察取经，仅仅要求看一看整平船的设备，却被对方断然拒绝。希望能提供解决有关技术难题的咨询，外国公司开出了我方无法接受的15亿元人民币的天价，结果是碰壁而回，无功而返。

碰壁为了破壁，失望变成了希望，挫折更加强烈地激发了中国工程人员破釜沉舟的决心和势不可当的行动爆发力。影片用事实表现了港珠澳大桥面临的史无前例和难以预知的重大风险和困难。

中国工程人员逆水行舟，一篙不缓，逆风飞扬，一刻不息，砥砺奋进，一步不停；用成功的中国制造、"中国智造"的事实，冲决了外国长期对我国高科技领域的重重封锁和层层羁绊。港珠澳大桥本身就是充满矛盾冲突、跌宕起伏的故事富矿。闫东及其团队正是艺术而真实地发掘和表现了跨海大桥背后许多鲜为人知的感人故事。

（三）打破电视实播的模式和局限：真实的故事迸发出引人入胜的影响力

《港珠澳大桥》的成功是把"大国超级工程"类型的纪录片的传播价值转化为用讲故事的方式引人入胜的渗透力和影响力，把电视"现场直播"的模式提升为具有艺术感染力、思想穿透力和精神辐射力的电影化方式。

讲好故事离不开真人、真事、真情、真话乃至真理。坚持内容为王，事实胜雄辩。这是《港珠澳大桥》独树一帜的魅力所在。

影片拒绝花拳绣腿的形式，舍弃"情景再现"，通过真实的事实展现了软实力和硬实力。

因为，"百闻不如一见"，"听其言不如观其形"。影片"用事实说话"，没有过度的豪言壮语，没有心灵鸡汤，只有朴实而坚定撸起袖子干出来的中国奇迹，才具有撼动人心的征服力。

创作者坚持纪录片的生命是真实性，真实性的灵魂是人。只有平凡而非凡的生活与生命的真相的故事，才能感人至深，存之于世。

（四）用生命记录生命：开放性的视域与结构

《港珠澳大桥》的叙事结构和表现，是开放性的纵横捭阖，双线的递进与叠加。桥，历来是打通阻隔、缩短时光的交通工程。一桥三地的港珠澳大桥，却有着区别于一般桥梁的作用，承载着战略性的布局以及政治、经济、文化等方面的重托和期待，吸引着世界目光的关注。

影片打破"大而全"的格局，跳出就事论事的工程大事记，突出重点，凝集热点，放射亮点，真实地表现跨海大桥由"桥、岛、隧"三部分组成的特点，侧重记录前所未遇、最具有挑战性的海底隧道的困难。影片生动地把工程的技术含量转化为人文含量，把许多专业的数据，用艺术的对照转化为具象而直观的感受，让我们大开眼界，脑洞大开。比如，钢箱梁结构用钢量将达到42万吨，足以建造60座埃菲尔铁塔，32节沉管将消耗33万吨钢筋和200多万吨混凝土，足以建造8座828米高的迪拜塔。

港珠澳大桥不只是交通工程，也是生命工程，使用寿命达120年。

大桥不只是包含着钢筋、砂石、混凝土的高科技工程，同时也搅拌和倾注着建桥者的心血、汗水、智慧和情怀。

大桥是有温度、有血肉和呼吸的生命体。

闫东及其团队用生命记录生命，用生命影响生命，让我们抑制不住内心的感动，看到港珠澳大桥在物质与精神、人文与生态、哲理与审美方面带来的感动、感悟与兴奋，看到中华民族的骨与魂，读懂了什么叫做中国精神。

这部影片，让我们看到桥史与国史、桥运与国运以及从小桥流水到跨海大桥的中国桥文化的传统与现代的结合和变化。

影片从人性化、情感化、生活化、细节化的视角来讲故事，让人倍感温暖和豪情满怀。

《港珠澳大桥》以蒙太奇方法的对比、延伸、组合、联通的艺术表达，拓展了题旨，让人看到世界与中国的连接、历史与现实的重逢、新时代与当今人们的心灵对话。

影片在纪实的追寻、追踪、追问乃至追思中，深入地选择和挖掘出许多叩问灵魂的深刻而感人的故事，通过敏感的发现、敏锐的剖析、敏捷的捕捉，在故事的纪实性和纪实的故事性上做出了成功的艺术实践。

事实给人的震惊和震撼是递进式的，悬念和高潮也是随事实的发展而发展。

科学与艺术共舞，人文与情感齐飞，人物与故事伴行，形象与思想融汇。

（五）气势如虹的光影：惊心动魄的开篇

银幕上展现多角度航拍港珠澳大桥壮美的画面，在阳光与白云的流动中，大桥宛如腾跃海面的长龙，我们欣赏到不同角度拍摄的大桥，丰富、神奇、美丽的身影，令人心醉神往。镜头推进直达云端，远处的漫长桥面，充满诗与远方的意境。

跨海大桥造型壮美，气势恢宏，展现了中国力量、中国气派和中国神韵。

镜头潜入神秘的深海，真实记录安放和对接隧道沉管的惊险和艰辛的情景，让我们从眼球到心灵享受到"深海之吻"的浪漫奇观。

《港珠澳大桥》的故事让人心潮澎湃逐浪高。

影片的开篇，惊心动魄。

仅仅贯通五十天的港珠澳大桥，遇上了一场继"天鸽"而来的"帕卡"最强台风的连续袭击。

画面真实地报道了强风及风暴潮可怕的巨大摧毁力给港珠澳等地造成不同程度的严重破坏的情景。

人们都在担心，港珠澳大桥能顶得住大风暴的重击吗？

台风过后，碧海蓝天，港珠澳大桥安然屹立在伶仃洋上。

我顿时想到七百年前，文天祥"惶恐滩头说惶恐，零丁洋里叹零丁。人生自古谁无死？留取丹心照汗青"的诗句。

如今历史的悲凉与悲壮已随滚滚的波涛流逝，一声深沉的叹息已消散在海风之中。

横跨伶仃洋上的世界最长的跨海大桥，已成为令人叹为观止的最新最美的一道风景线了。

（六）历史与当下的穿越：对比和连接

《港珠澳大桥》穿越时空，连接历史、现实与未来。

感谢一代又一代的纪录片人，为我们留下不能忘却的历史履印和国家记忆。

中国人的现代桥梁史，开始于八十年前、20世纪的战火之中。

1937年，有"中国桥梁之父"之称的茅以升，时年39岁，倾注满腔心血，排除万难，成功建成中国第一座现代化的铁路公路两用桥，粉碎了外国人声称"钱塘江根本不能建桥""中国人干不成钱塘江大桥"的狂妄断言。

时值抗战，国力衰弱，山河破碎，为了阻止穷凶极恶的日本侵略军从浙北南下，茅以升无奈而沉痛地亲手炸毁了大桥。

这是茅以升剜心裂肺之痛，也是中华民族桥梁史之殇。

1949年，中华人民共和国成立，中国桥梁开始跨越高山大河。

1957年，开国领袖毛泽东畅游长江时，为中国长江第一座大桥——武汉长江大桥的通车，激情地写下"一桥飞架南北，天堑变通途"的诗句。

1993年，89岁的邓小平站在上海杨浦大桥上，从来很少写诗的他，兴奋地即兴吟诵"喜看今日路，胜读百年书"的诗句。

大桥，强烈地触动着领袖们的情怀。

大桥，同他们毕生的信仰与追求、革命的人生足迹和心迹血肉相连。

他们的一生历尽血雨腥风，历经九死一生，历经千难万险："大渡桥横铁索寒""雄关漫道真如铁"；他们跨越了无数关隘、障碍、阻塞和天堑，就是为了寻找和开拓出一条改变中华民族命运的通途。

影片艺术地选准了思考的激活点，以电影化的表达方式，将富有深刻历史和人文内涵的经典性镜头，作出情感化的对比与交织，引人入胜，耐人寻味。

银幕上呈现了1954年连通大陆与厦门岛的鹰厦铁路工程纪录片《移山填海》的镜头。

当年的民工们赤脚站在惊涛骇浪之中剧烈颠簸摇晃的木船上，硬是靠双手把一块块巨大的石头抛入海底。

他们犹如一尊尊铁铸的雕像，令人肃然起敬。

镜头转切到今日港珠澳大桥建造人工岛的真实场景。

强大的机械化手段把每个相当于20层楼高的120个巨型钢筒直接插入海底，中间填土，快速形成航空母舰般的巨大人工岛。

原始的体力劳动状态到现代化施工的事实对比，抚今追昔，令人振奋。

画面的穿越式剪接，已从技术层面转化为思想与审美层面。画面的内在逻辑和节奏，是民族血脉的流动、民族情感的传递和民族精神的接力。

影片以神州掠影的叙述方式，展现江河湖海、高山平原、城市乡村建成近一百多万座大小桥梁的壮丽景象。事实证明，中国已成为世界第一桥梁大国。

镜头把我们带进繁华的世界，著名的纽约大湾区同港珠澳大湾区做生活化的形象对照，增加了观赏的趣味性。

改革开放以来，中国的桥梁科技发展，已经从不甘人后的追跑到并跑再到领跑。

影片真实地告诉我们，中国速度是中国一代又一代的桥梁人奋发图强，前赴后继，一步一个坚实的脚印跑出来的。

（七）发掘故事的富矿，提炼核心的含金量，成功地表现人

浩瀚的伶仃洋，游弋着几十艘拖船，许多"巨无霸"机械装备整装以待，各类工种，遣兵布阵，紧张地各就各位，又一场充满悬念的战斗即将打响了！

影片真实地展现了港珠澳大桥施工的"大规模、大气势、大阵容和大国重器"的力量。

镜头拍摄细致到这个伟大工程质量的螺丝钉的固定部位、每一个焊接口的严密度等细节。影片宏观与微观的两极镜头的艺术组接，产生出有冲击力的视觉反差，达到于细微中见精神的"心灵上的"同步与共振。

《港珠澳大桥》没有停留在大秀"肌肉"的层面，而是深入揭示建桥者的精神世界。

外在的美，只能暂时取悦人的眼睛，引起一时的亢奋；只有内在的美，才能拨动人的情感，常驻人的心灵。

作为非虚构类型的纪录片，轰轰烈烈的事件有闻必录并不难，最难的是能够真实地树立让人记住的、有个性和有血有肉的人物来。

大桥的魅力在于人。

人和桥是浑然一体的。

影片真实地表现了岛隧项目总工程师林鸣。

林鸣和他的团队，面对风云骤变、滔天巨浪、浓雾重重、暗流涌动的伶仃洋苦战了八年。

摄制组始终跟随拍摄头发灰白、一脸疲惫、高个子的知识分子林鸣的活动身影。

在食堂，在会上，在令人揪心屏息的隧道沉管施工现场，在失败折返的工作船上，在独自徘徊思索的海边……这些镜头都真实抓拍到他当时瞬间的神情、眼神、行动和精神状态。

同期声的真实运用，让我们听到林鸣发自内心的真情表白，感觉到他内心不平静的波澜。他肩头的重担、苦涩与自信、焦虑与从容已经写在他的脸上了。

林鸣接受这个项目时是 48 岁，现年已经是 60 岁了。长期同桥梁打交道的磨炼，铸造了他勇于挑战的抗压力、忍耐力和攻坚力。

影片成功地由表及里，在多侧面的典型环境中表现出一个立体、丰满、有个性、真切可信的典型性格的人物。

林鸣沉稳而不失幽默感。

他说："我每天都在走钢丝，提心吊胆。"

他说："33 节沉管隧道的安放，每一节都是新的开始，永远要绷紧神经。"

当人们夸赞港珠澳大桥的丰功伟绩时，他只淡淡地说："我和伙伴们在这里找到人生的位置和生命的价值。"

记住人,记住桥,记住新时代。

在这个分众时代,不同人生阅历和不同年龄段的观众,会在《港珠澳大桥》的故事情节或细节中得到不同的感动和震撼。

一组由业余摄影发烧友工程师饱含深情为普通工人拍摄的相片深深地打动了我。

一张张憨厚、善良、满足的微笑;

一张张风吹日晒、皮肤黝黑的脸庞;

一个个带着泥土芳香走出来的农民工……

相片拍得真实、真诚、真切;

他们是港珠澳大桥默默无闻的劳动者;

他们普通而伟大,我心存敬意。

这些肖像是中国面孔、中国表情和中国脊梁。

此时,我眼前顿时浮现 20 世纪 80 年代初震惊美术界的油画《父亲》。

作品以纪念碑式的宏伟构图,刻画出中国农民的典型形象。"父亲"满脸愁容,双手捧着粗碗,承受艰苦仍不失对美好生活的期盼,目光刺痛每个人的心。

《港珠澳大桥》普通工人的相片里,有伙伴,有夫妻,有姐妹,也有快乐的"单身汉"。

他们满脸笑容,神态轻松,对参与大桥建设的自豪与快乐,温暖着我的心。

单纯而不单调,简练而不简单,影片巧用几张静态的相片艺术处理,达到了动态的共鸣和意味深长的哲理启示。

《港珠澳大桥》的故事让人心绪难平,热血沸腾。

曾经三次出海失败的"E15 沉管",经过 50 小时的无眠苦战,终于在 40 多米深的海底平稳安装。

当成功的消息传来,林鸣和他的伙伴们没有相拥欢呼,没有鼓掌祝捷,却寂静无言、七倒八歪地伏睡在桌面上,瘫倒在船板上,靠枕在船梯旁……这是身心极度透支的疲劳的状态。

镜头真实地记录这出人意料的惊人又感人的一幕。

这是于无声处听惊雷的心灵震撼。

这是无声胜有声的中国精神的写照。

影片在真实而艺术的雕刻时光中，非常成功和精彩地表现了纪录片的人物形象——可爱可敬的港珠澳大桥的建设者。

这些朴实而热情的人物将长久地刻记在我的脑海里。

（八）坚持我们要坚持的，期望我们要期望的

《港珠澳大桥》在制作上始终坚持自信与自豪、自尊与自强的基调。

决不能自满与自大、自炫与自吹。

我们必须清醒地面对世界。我们是正在和平崛起、有潜力有实力的大国，但还不是强国。

我们必须清醒地正视世界风云变幻的风险，必须保持"与狼共舞"的高度警惕，必须有时刻居安思危、提升自我实力的智谋和勇气。

严酷的事实在昭告世人："落后就要挨打"并没有过时。

我们必须永不能忘"落后就要挨打"的血泪浸染的真理。

《港珠澳大桥》就是用真实的故事来点燃我们心中的爱国之火。

当今我们还不是莺歌燕舞的时代，还不是醉心于走红地毯剪彩庆贺的时代，还不是懒洋洋地躺在"娱乐至上"的暖床上昏睡入梦的时代。

当今我们依然处于披荆斩棘、苦苦耕耘的时代。

当今我们依然处于只待一声号令跃起奋战准备的时代。

面向未来，未来已来，不忘初心，任重道远。

港珠澳大桥属于中国，也属于世界。它超越意识形态，是人类与自然、文化、经济、情感共有、共享、共赢的和平与发展的共同命运之桥。

《港珠澳大桥》是献给新时代的一部有看头、有说头、有想头、有品头、有骨气、有灵魂的优秀纪录片。

但愿年轻人看了《港珠澳大桥》，懂得什么值得铭记，值得仰慕，值得尖叫，值得爱，值得追！

建设中的港珠澳大桥（局部）

纪录片
《港珠澳大桥》
上

THE

HONG KONG-ZHUHAI-MACAO

BRIDGE

随着中国的迅速发展，工程领域的中国人也不禁开始尝试用更强大的制造能力，重新定义"21世纪的基础设施建设"，而他们的最新尝试便是规模浩大的港珠澳大桥。

港珠澳大桥是世界上最长的跨海大桥，设计使用寿命长达120年。不仅如此，这座大桥还将成为中国"一国两制"下三地紧密联系的象征。

港珠澳大桥管理局总工程师 苏权科

"这个LINK（连接）不光是把三地的地理连接起来了，它把我们的思想感情，包括我们多少年来创造的优势的东西，都能够连接起来。"

这样一项当今世界领先的浩大工程，有没有可能是从中国古老的桥梁建造工艺中汲取了灵感呢？

港珠澳大桥桥梁DB01标设计负责人 孟凡超

"在长江上，甚至黄河上，我们的祖先都架过浮桥。在当时来说，西方人可能还没有这方面的概念和技术。"

巨型工程意味着无法想象的技术挑战。

港珠澳大桥管理局工程管理部副部长 景强

"在设计港珠澳大桥的时候，国内没有不锈钢筋相应的配套的标准，所以我们当时采用的是英标（英国标准）。"

巨大的成功也为中国工程师赢得了巨大的精神和技术财富。

港珠澳大桥岛隧工程项目总工程师 林鸣

"它是没有可复制性的，传承的是方法——思维的方法。"

港珠澳大桥青州航道桥

港珠澳大桥总平面图

大桥概况

2009 年，在中国南方的珠江三角洲，工程人员开始兴建当代最先进的工程——跨越伶仃洋的世界最长跨海大桥。大桥全长 55 公里，包括 22.9 公里主体桥梁、4 个人工岛和 6.7 公里的世界最长、最深海底沉管隧道，隧道将埋设在海平面以下 40 多米深处。

香港特别行政区

香港口岸

拟建的屯门至
赤鱲角连接路

里岛隧工程

大屿山

索罟群岛

港珠澳大桥管理局工程管理部副部长 景强

港珠澳大桥管理局工程管理部副部长景强

"因为我们最初选定方案的时候，根本没有现在这些施工技术设备，前人也没有这样去做过。像现在我身后的这座桥，在以前我们看来，就是一节一节拼上去。但是我们现在做这个塔的时候，就是工厂里造好，直接一下就吊上去。现在看来这个好像是一个很简单的事，但是放在8年前，当时国家，包括我们这个行业内，还没有这样的技术水平，也没有这样的装备。"

拼接钢箱梁底板

港珠澳大桥海中主体桥梁总用钢量约 40 万吨，相当于 60 座埃菲尔铁塔。其中，最长的一片钢箱梁长 132.6 米。它们都是在广东中山的拼装场组装完成，再海运到 40 公里以外的桥位安装现场。

港珠澳大桥管理局工程管理部副部长 景强

"我们现在是在钢箱梁的内部，因为这个钢箱梁准备下胎了，拼装已经完成了，把最后的修复工作做下来，下胎后就准备进涂装厂了。我们现在是进行最后一个程序，他们已经验收完了，我来看一看他们整个的施工质量怎么样。"

"现在我们是在钢箱梁的总拼现场。这是在打磨。我们的钢箱梁从一个个板单元，变成这样一个箱形结构，是一块板、一块板、一块板，然后到这个地方，我们把它焊接成一个整体，再由小节段最后变成大节段。"

拼接钢箱梁顶板

钢箱梁下胎

钢箱梁内部

港珠澳大桥首段钢箱梁启运

"在港珠澳（大桥），我们这个监控是一个全寿命周期的监控，也就是从板到成为整体的过程中，我们是从板下料的时候就开始监控，一直到它成型。现在我们下来以后，钢箱梁进入存储区，待运，然后运到桥位去吊装。"

巨型钢箱梁是
如何建成的？

这座连接香港、珠海、澳门的跨海大桥必须能抵御 16 级台风和 8 级地震，既不能影响航道畅通，也不能干扰附近香港和澳门国际机场的起降航班。

　　为此，大桥的建设在设计、材料和施工上都实现了巨大创新和突破，而所有这些标准的提升也都是为了满足不低于 120 年的设计使用年限。此前，中国内

港珠澳大桥 CB04 标段首片钢箱梁吊装

首梁架设

地大型桥梁的设计使用年限都不超过 100 年。为了攻克技术难关，"中国制造"走出了一条全新的体现"中国标准"的道路。

早在 1983 年，在伶仃洋修建跨海大桥的讨论就已经浮出水面。而对于建筑师们来说，他们的使命远不止将一个梦想变成现代工程奇迹这么简单。

穿起〝珍珠〞的〝银线〞

港珠澳大桥桥梁 DB01 标设计负责人
孟凡超

港珠澳大桥桥梁 DB01 标设计
负责人 孟凡超

"它的交通功能只是它的一个最
基础性的设计旨要，而它的文化打造
和追求是另一个更高境界的使命。港
珠澳大桥跨越我们'一国两制'的区
域，这在世界范围内没有。可能我们
建设的工程，过去有跨国界的，但是
像这样子'一个国家，两种制度'，
跨越三地的，这个应该说在世界范围
内还是第一个。港珠澳大桥——桥、
岛、隧，我们还赋予了它另外一个文
化，就是'珠联璧合'的一种文化。"

港珠澳大桥管理局总工程师 苏权科

港珠澳大桥管理局总工程师 苏权科

"港珠澳大桥从珠海连接线开始，有4座隧道，有4个人工岛，还有40多公里的桥梁。所以从几个城市到这些岛，再到这些隧道、桥梁，就好像一条银线把一些珠子穿起来。"

"用银线穿起一串珍珠"这样诗意化的设计不仅仅是为了美观或是解决大桥的技术难题，它同时也体现了中国传统文化中的美好寓意——"珠联璧合"，象征着香港和澳门与中国内地跨越伶仃洋紧紧联在了一起。

港珠澳大桥使用的钢箱梁

腐蚀性极强的海洋环境对大桥使用的钢材提出了高要求

　　作为中国"一国两制"构想的一个象征，港珠澳大桥被赋予了众多的期许。2009年12月，港珠澳大桥破土动工，建设者们已清醒地意识到：前方的路不会是一片坦途。

　　海中主体桥梁长达22.9公里，由于珠江口阻水比要求，桥梁跨径尽量要大，而抗震要求上部结构重量要尽量轻。如果采用常见的混凝土结构，很难实现这个要求。为了解决这个问题，工程师们决定桥梁上部结构采用更轻便、跨越能力更强的钢结构。

　　但是还有另一项挑战，大桥的桥墩长年在腐蚀性极强的海洋环境中，要保证达到120年的设计使用年限，工程师们必须找到耐腐蚀性能更好的钢材。于是，他们来到华北的一家钢厂，这家钢厂是中国不锈钢生产的先锋企业。

港珠澳大桥管理局工程管理部副部长 景强

"我今天到的是我们不锈钢筋的生产厂家——太钢。我的重点有三个，第一个就是看到我们生产的情况比较平顺。第二个就是看看我们已经生产的成品钢筋能不能满足我们现场的工艺需求，也就是保证达到我们的要求。第三，我们希望在港珠澳（大桥）做完以后，做一套我们国内的技术标准，也就是有一项相关的科研项目在做，我们看一下科研工作的进展情况。"

太原钢铁（集团）有限公司，简称"太钢"，曾经生产出中国的第一炉不锈钢，同时也是全球不锈钢行业领军企业，具备年产1200万吨钢的产能，其中450万吨为不锈钢。尽管如此，为港珠澳大桥项目提供钢材仍是不小的挑战。

太原钢铁（集团）有限公司副总经理 柴志勇

"它是要求很高！所谓不同呢，第一个，对于我们来说，这算是一个新的产品，因为这种产品在中国大规模地使用是第一次。第二，更特殊的是说，因为这也是新的工程，所以中国也没有相关的标准，那就需要执行外国的标准，这次我们选用的是英国的标准。"

太原钢铁（集团）有限公司副总经理 柴志勇

太钢自主研发耐腐蚀钢筋

传统的不锈钢材虽不易腐蚀，但用在低氧、高盐度的海洋环境中却并不保险，而港珠澳大桥所处的恰恰就是这样的环境。工程人员将目光转向了双相不锈钢钢筋。双相不锈钢的强度比普通钢筋强度高，但之前全部依赖进口，价格很高。为此，太钢迎难而上，他们自主研发生产的双相不锈钢钢筋被应用于大桥的承台、塔座及墩身等多个部位，用量超过 8200 吨。这是中国建桥史上双相不锈钢钢筋首次大批量应用。

港珠澳大桥管理局工程管理部副部长 景强
"把我们这根不锈钢筋拉断的破断力，大概要 40 吨。40 吨大概要二十几台小轿车那么大重量的一个力。"

作为中国双相不锈钢生产商，太钢为了确保全世界都认可它的产品，几年前将他们生产的双相不锈钢送到海外接受鉴定，并获得了国际认证。

太原钢铁（集团）有限公司副总经理 柴志勇
"确实，如果从研究和开发的角度，我们是很久就具备这个能力。但你也知道，中国从计划经济转变为市场经济，对于我们一个企业，一个显著的标志就是要按订单来生产，而不是按别的来生产。"

大桥工程的技术突破并不局限于它采用的不锈钢筋实现了自主研发和标准的提升，在桥梁、人工岛和隧道建设领域，获得的专利超过 1000 项，也达到世界级水平。

港珠澳大桥桥梁 DB01 标设计负责人 孟凡超
"港珠澳大桥最想达到的目的，应该是超过我们所建过的、国家所建过的任何一种跨海通道和跨海大桥的水平。应该说我们是在继承和发展上，继承我们过去的工程经验、成功的经验以及成功的技术、成熟的技术、可行可靠的技术，但是还有一个发展。"

东人工岛最后一个圆钢筒振沉前全景

在港珠澳大桥建设中得到开拓发展的远不止中国工程领域。

港珠澳大桥管理局总工程师 苏权科

"大家从这里看这个桥弯了几个大弯。这个桥位从珠海到香港，或者从澳门到香港，都是定的。为什么不能直着走呢？（直着走）可能看着会短一点，但是因为这个航道，船过的时候，要跟这个地方的水流垂直。因为海里面不像江河就一个方向，（海里面）在不同的地方水流方向不同，为了跟它垂直，所以这个地方就要拐一下，拐个弯，到这里来跟这里又要拐一个弯，所以就拐成这么一个大曲线。大家看这个线型也很漂亮。"

如果说港珠澳大桥标志着中国对桥梁外观设计的一次提升，它无疑也是建立在中国桥梁文化丰厚的底蕴之上。

中国是世界上建桥历史最早、桥梁种类最多的国家之一，毕竟在古老的中华大地上，河流纵横交错，奔腾不息。在中国，即使再偏远的山区，都有造桥的痕迹，都有就地取材、巧夺天工的桥梁。

大桥为何是
弯的?

港珠澳大桥景色

港珠澳大桥管理局总工程师 苏权科

"中国人建桥的风格，除了硬邦邦的土木工程以外，它其实带有很多艺术性特点，包括还有心里一些寄托。所以每一座桥，中国人会给它寄托很多文化的内涵。"

距离港珠澳大桥 500 公里的广东潮州市有一座广济桥，它与赵州桥、洛阳桥和卢沟桥并称中国四大古桥，而广济桥还是世界上最早的启闭式桥梁。广济桥始建于南宋，之后一直是广东通往福建、江西、浙江等地的枢纽和贸易中心，所谓"一里长桥一里市"，它的美已经穿越时空，把中国人的建桥智慧真切地呈现在我们眼前。

广济桥（始建于公元 1170 年）

位于四川乐山的濠上大桥也体现了中国建桥人的美学追求

港珠澳大桥桥梁 DB01 标设计负责人 孟凡超

"作为中国的桥来说，可能它要想遗留到现在，解决当今的建设超级通道来说，已经不适用了。发展始终是一个永恒的主题。"

这项史无前例的浩大工程也引起了三地居民的关注。

澳门物流协会 陈智良

珠海高速客轮有限公司副总经理 李建彬

澳门物流协会 陈智良

"我们看到了，港珠澳大桥通车之后，港澳连接只需要 30 分钟。"

珠海高速客轮有限公司副总经理 李建彬

"它会对我们整个珠海的经济，乃至我们整个珠三角西岸的经济，会有一个很大的带动。"

珠海房地产商 张弛

在澳门工作的珠海市民 房书羽

珠海房地产商 张弛

"我们觉得，港珠澳大桥的通车对未来珠海房地产市场会产生巨大的推动力。"

在澳门工作的珠海市民 房书羽

"在环境方面，不知道会不会对生活在周围海域的动物造成影响。"

中华白海豚

　　实际上，港珠澳大桥关注了环境保护，对生活在这片水域的一种珍稀动物给予了特别的关爱。

　　伶仃洋里生活着大约 2000 多头中华白海豚。这种珍稀动物是香港回归祖国的吉祥物。2003 年，中华白海豚生活的这片水域被确立为国家级自然保护区，而港珠澳大桥恰好要从保护区穿过，这曾引发公众的关注和争议。

　　大桥管理局对此进行了详细的调研，认为大桥工程可能会对海洋生物造成一定影响，因此施工中必须采取措施将影响降到最低，从而确保大桥竣工后，水域中的生物种群迅速恢复。

　　解决方案便是针对施工各个环节出台一部全面的指导手册。

港珠澳大桥管理局总工程师 苏权科

"问题就是，它属于中华白海豚保护区。针对这个进行了专门的研究，在施工过程中不允许用柴油打桩锤，也不允许直接挖泥，要采取维护措施，不能让污染物扩散，也不能有震动。"

大桥与中华白海豚

而方案的执行离不开一支尽职尽责的团队，他们对大桥管理局直接负责。

港珠澳大桥管理局安全环保部 黄志雄

港珠澳大桥管理局安全环保部 黄志雄

"工作范围包括对整个保护区进行监管，对我们这个工程里面施工过程的一个监管，（看看）我们这个工作有没有按要求来落实各种保护措施。第二个就是日常监测，就是看看我们这个工程里面每一个阶段，对白海豚的影响有多大，然后有这个数据才能进行更好的监管，更好地服务这个保护的工作。"

不过，在这支安全环保团队看来，最大的困难还是如何改变人们固有的观念。

港珠澳大桥管理局安全环保部 温华

"刚开始的时候，我们到现场检查，有很多工人就会跟我们说，你不要以为我不懂，其实这些事情是在国外才要做的。我们可能就要花很多时间跟他们解释，这里是国家级的保护区，我们在这里工作，我们要注意些什么。"

港珠澳大桥管理局安全环保部 温华

这是一支具有时代前瞻性的工作团队，他们的工作模式将对今后中国的重大工程起到示范作用。

港珠澳大桥管理局安全环保部 黄志雄

"这些需要一个过程。当时大熊猫，它是经过国家、政府、各个地方的宣传，包括很多的工作，做出去了，才有那个成效。这种研究还是比较欠缺，所以我们国内到目前为止，有些经济发展需要的建设可能也要弄，但是另外我们也可以参照学习国外一些更好的经验，对吧，慢慢地转变一些态度，转变一些工作的方式，用更多的人力、物力去投入，这些工作我觉得应该也可以做得到。"

在施工中融入环境可持续理念，这只是建设者们向大自然交出的答卷之一。

大桥环保团队

施工现场附近往来的航班

　　港珠澳大桥所在的伶仃洋台风多发，全年遭受 6 级以上强风的天数接近 200 天。更让工程师们头疼的是，伶仃洋上每天有超过 4000 艘船只穿梭往来，邻近的香港机场上空更是航线密集，航班昼夜不息。其结果是，大桥还在施工阶段，便风险重重。

　　人们不禁要问，为这样一个充满风险的工程砸下巨资，究竟是否值得？也许，我们可以从已有的国际案例中找到答案。

　　美国纽约市共有 850 万居民，是美国人口最密集，也是最繁华的大都市。和粤港澳大湾区一样，纽约市被流向大西洋的数条河流划分成 5 个不同的行政区。不过，一年一度的环城自行车骑行活动却让纽约人充分享受了一体化的纽约。

纽约市民

"对，我在这里住了6年了。总体来说，桥是纽约市非常重要的一部分。"

纽约市民

纽约市民

纽约市民

"站在桥下抬头看，就会看到天空下大桥的轮廓，非常漂亮！"

"要认识纽约可以从桥看起。真的很漂亮！"

纽约市包括水域在内的面积大约有 1200 平方公里，全市分布着大大小小约 2000 座桥梁。纽约也因此被称为"桥之城"。这些桥梁不仅仅是从地理意义上将纽约编织成了一个整体。

中建美国土木公司项目主管 维肯·瓦里安

"纽约市由三大块组成，一个是长岛，包括了曼哈顿区、皇后区和布鲁克林区，然后是斯塔滕岛。纽约市唯一不是岛的部分就是布朗克斯区，所以光是把这些岛连接起来，就需要很多桥了。"

中建美国土木公司项目主管 维肯·瓦里安

中建美国土木公司总裁 查尔斯·蒙托巴诺

"随着纽约市不断发展、扩大，我们的基础设施建设也要跟上，保持地区的经济活力是很重要的。"

纽约的桥给这座城市注入了经济活力，并形成了独特的城市文化。
在珠三角，桥梁是否也将承载起同样的使命？

中建美国土木公司总裁 查尔斯·蒙托巴诺

中建美国土木公司董事长 吴志刚

"我认为纽约之所以能成为现在的纽约，跟它的这些桥是分不开的，这是其中一个原因。这些桥将城市的各个部分连接起来，让人们可以自由通行。每座桥都是有故事的桥。"

中建美国土木公司董事长 吴志刚

港珠澳大桥管理局行政总监 韦东庆

"我们粤港澳大湾区有超过 6000 万人，是中国市场经济最发达的地区，是中国走向国际化最早的地区，甚至是中国近代思想发源的地方，中国的近代史基本上可以说是在伶仃洋上展开的。"

中山大学教授 陈广汉

"其实珠三角从历史上来讲，就是中国对外开放的门户。珠三角地区从文化上来讲比较重商，邓小平把经济特区放在这里，跟这方面也有关系，（原因）就是珠三角地区它有这个特点。"

港珠澳大桥管理局行政总监 韦东庆

港珠澳大桥管理局行政总监 韦东庆

"可以说，珠江的西岸，我们一直都有这样一个梦想，就是跟东岸实现一种连接。"

中山大学教授 陈广汉

中山大学教授 陈广汉

"珠三角地区目前看来，东岸的发展是最快的。这个地方的发展之所以这么快，其中一个很重要的原因跟香港有关。通过香港的经济辐射，香港的投资、香港的资本、香港的企业过来，就带动了珠三角东岸地区的发展。那么珠海这一边，珠三角西岸地区，他们就一直有一个想法，就是希望能跟香港打通。"

经济学家对港珠澳大桥寄予了厚望。它不仅要把三座城市连接起来，还要为粤港澳大湾区发展助力。

那么，这座大桥会对当地人的生活方式带来怎样的改变？当地人长期靠渡船在香港和珠海之间往来。大桥落成后，这些每日迎来送往的渡船将何去何从？

大桥有何经济意义？

珠海高速客轮有限公司副总经理 李建彬

"大桥通（车）后，一方面它客观上可能会产生一些分流，让我们的客人通过分流走大桥陆路，但是另一方面，这个大桥是个世纪工程，它会对我们整个珠海的经济，乃至我们整个珠三角西岸的经济，会有一个很大的带动。当初在港珠澳大桥要修建的时候，我们就对这个做了一个分析，对我们公司的发展战略，做了一个详细的研究和调整。我们的战略就是，我们要适应这个大桥的时代，我们有个转型升级。我们要提的口号是向海洋旅游转型。"

珠海人翘首企盼大桥通车，澳门人又是如何看待即将落成的大桥呢？

澳门物流协会 陈智良

"澳门基本上现在的民生用品大部分是从大陆进口澳门的，有一部分从国外运到我们机场，另外一部分从香港过来澳门。现在从香港过来澳门的渠道，物流渠道只有海运，转运需要一天时间。港珠澳大桥通车之后，港澳连接只需要30分钟。那么对一些时间性要求比较高的货物，比如说食品、冷冻的食材、电商的货物，就提供更快的通道了。"

澳门立法会议员 施家伦

"特别是未来，澳门政府在2016年的施政报告中，也都提到了澳门要打造特色金融，发挥一个平台的作用。如何发挥该平台的作用？主要还是依靠内地企业。如何走出去？如何引进来？我觉得在未来，这个大桥对于澳门来说是一个加分的地方。"

澳门立法会议员 施家伦

青州航道桥

虽然珠三角地区的面积还不到全中国的百分之一，却贡献了中国国内生产总值的十分之一以上。人们对港珠澳大桥最大的疑问就是担心它将如同一道钢筋混凝土的墙壁，阻断伶仃洋上利润丰厚的"黄金"海运航线。

为了打消这个疑虑，大桥不仅被设计成了多航道桥，工程师们还在中国首开先河，为大桥设计了一段 6.7 公里的世界最长海底沉管隧道。隧道被埋设在海平面以下，最深处超过 40 米，这样即便是30 万吨的巨轮也能顺利通过。

大桥对伶仃洋航运有影响吗？

港珠澳大桥的多航道设计

由于没有先例可循，负责建造这条隧道的工程师们必须自力更生，开创自己的方法。

林鸣是港珠澳大桥岛隧项目的总工程师。尽管他之前参与过多个大型工程项目，积累了丰富经验，这次任务的难度却是空前的。

港珠澳大桥岛隧工程项目总工程师林鸣

"我们已经奋斗了这么多年了嘛，好多年了，现在是最后一条垄的铺设。这个大沉管，180米的大沉管，最后一条。"

港珠澳大桥岛隧工程项目总工程师 林鸣

管节舾装

浇筑沉管

海底隧道部分由 33 节预制沉管组成，每节沉管长 180 米。沉管安装工作从 2013 年就艰难起步了。因为浮运和沉放过程要求非常精细，而伶仃洋的潮汐和海流又为沉放带来了危险。现在，还有不到 48 小时，林鸣和他的团队将沉放并安装工程中最后一节沉管。

为了完成这项任务，林鸣动用了"武器库"中最大号的"终极武器"—— 一个专为这项工程量身定做的安装平台。

这个平台的诞生同样是中国工程技术的一大进步。

海底沉管隧道
施工难度

港珠澳大桥岛隧工程项目总工程师 林鸣

"当时韩国有类似的这样一条船，是从欧洲从哪儿弄过来的。当时我去看，回来让我们的'振华'去研究，然后造出这条船，完成这个工程。"

"所有的问题，我们用我们的智慧，但所有问题的解决，（依靠）全球资源。"

沉管出坞

曾经看似不可能的任务如今有了解决的方案，"从无到有"之间所经历的技术创新可能是一位工程师一生的执着与追求。

港珠澳大桥管理局总工程师 苏权科

"第一次我们交通厅领导提出要建伶仃洋大桥的时候，我觉得太不可思议了，因为这就只有一片茫茫的大海啊！这个海上怎么过去？我们哪里有这个技术呢？当时领导就说，这样，只要我们有这个需求，技术可以在全世界学。一个是可以引进，一个是（可以）学习，咱们先建几个桥，做些积累。所以我说，这好啊，那我们就先去锻炼。所以1991年建汕头海湾大桥的时候，我就很主动参加。那时候比较远，我说要到那去，上面领导就说，那好，你们就去锻炼，以后回来为伶仃洋大桥做准备。之后就连着锻炼了好几个跨海大桥。"

虎门大桥（1997 年通车）

而在那以前，中国的建桥人一直在砥砺前行。

港珠澳大桥桥梁 DB01 标设计负责人 孟凡超

"当时来说，主要还是靠小型机械加人工的一种建设模式或者一种作业方法。在我印象当中，当时，我到工地去以后，还经常听我们那些老工人、老技术人员、工程师讲，那些年代，他们用的很多是那个时代——旧时代遗留下来的装备和机械、设备、技术。第二，还有来源于苏联的一些，因为当时中国的很多工程技术的对接和引进，包括一些材料、包括一些装备，也有一些是来自苏联的。"

从 1949 年开始，来自苏联的工程技术为新中国早期的基础建设提供了重要动力。被称为"万里长江第一桥"的武汉长江大桥竣工于 1957 年，是苏联援华工程之一，也是长江上的第一座铁路公路两用桥。武汉长江大桥打通了中国南北大动脉京广铁路，使中国传统文化和地理意义上的长江天堑变为通途。从当时通车庆典的纪录电影上，我们可以真切感受到见证历史的中国人是怎样的欢欣鼓舞。

1968 年建成通车的南京长江大桥是长江上第一座中国人自行设计、建造的铁路公路两用桥，是中国人造桥水平的时代体现，也是给人带来无限美感的桥梁。直到今天，南京长江大桥仍承载着中国工程师们的记忆和骄傲。

20 世纪 70 年代末，中国开始改革开放，推动国家经济建设迈上了新的台阶，长江、黄河上架设了数以百计的大型桥梁，从此中国的桥梁开始延伸到峻岭之间、海洋之上。

武汉长江大桥通车庆典场景（1957 年）

南京长江大桥通车庆典场景（1968 年）

云南普立大桥（2015 年通车）

云南龙江大桥（2016 年通车）

港珠澳大桥桥梁 DB01 标设计负责人 孟凡超

　　"尤其是看到港珠澳大桥，可以说是我们用'四化'理念来引领建设：大型化、工厂化、标准化、装配化。"

沉管预制厂

那么，港珠澳大桥在技术创新和中国标准上的突破又会给全行业带来怎样的变化？

中铁山桥的前身是山海关桥梁厂，早在1894年就率先在中国开启了现代桥梁的建造。

中铁山桥（集团）有限公司总经理 李慧成

中铁山桥机器人焊接技术

中铁山桥（集团）有限公司总经理 李慧成

"我们成立的当初就是以做桥梁起家的，这个山桥做第一个桥梁的时候，那是英国人造的半成品，然后在山海关进行装配。说到港珠澳大桥，我们当时为了这个大桥，可能举全公司之力吧，这个大桥是一个巅峰之作了，代表中国的一个世纪工程。中铁山桥有这个历史，如果我们不做，那无论如何也说不过去。"

"在港珠澳大桥之前，我们最先进的也就是采取自动焊和半自动焊接，没有机器人。这个大桥提出来大型化、工厂化、标准化和装配化这个需要，我们所有的厂房不能满足了。为了满足高标准、高质量、长寿命这个要求，我们研制了机器人焊接系统。"

引入机器人焊接系统让中铁山桥得以实现手工操作无法完成的复杂和精细加工。

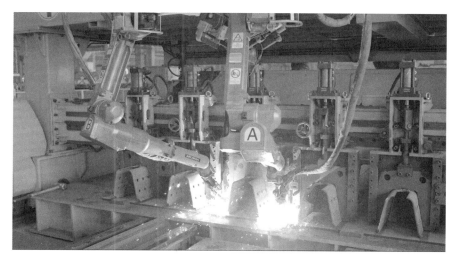

机器人焊接系统

中铁山桥（集团）有限公司总经理 李慧成

　　"这个场地占地 1000 亩，整个加工厂房的面积 8.5 万平方米，现在这个港珠澳大桥制造完了以后，我们在这里正在制作的，大概有七八座大桥，主要的一个大桥就是孟加拉帕德玛大桥，因为这个场地大了以后，我们可以同时生产好多个项目。"

中铁高新工业股份有限公司监事会主席 刘恩国

　　"我们看到的不是这一个大桥或一个项目，我看到的可能是这个项目对我们企业的技术进步的推动作用和带动作用，将来为我走向世界能够发挥一个非常好的促进作用。"

中铁高新工业股份有限公司监事会主席
刘恩国

　　那么，"中国制造"实现自我提升之后，又是如何走出国门，走向世界的呢？

文莱淡布伦跨海大桥项目经理、总工程师 陈宏科

文莱淡布伦跨海大桥项目经理、总工程师
陈宏科

"我出生在四川，我上大学是在1994年，我真没想到我有这种机会到国外去施工，融入到当地，服务当地。淡布伦跨海大桥全长30公里，是文莱政府投资的一个项目，因为文莱本土和淡布伦地区被文莱湾分割了，我们这个桥通了过后，就把文莱本土和淡布伦地区连接到一起。"

更大的挑战来自大自然。中国承建的标段正好从文莱的拉布自然保护区穿过。因此和港珠澳大桥工程一样，淡布伦跨海大桥同样对中国工程师们提出了环境可持续性要求，这一概念眼下也被越来越多的国家引入基础设施建设，成为建筑领域的新潮流。

文莱环境部 威利·谭

文莱环境部 威利·谭

"我个人看来，建设可持续性工程其实挺难的。还有就是企业是不是会承诺设计施工都具有可持续性。他们愿意花钱去遵守环保条例，这是好事。环保工作是要花钱的，而且花费还不低。老实说，在我小的时候，我没有想到过会有中国的施工队来这里，建这么大的一个工程，大到可以改变当地人以后的生活，改变我们的未来。作为本地人，我非常希望大桥能按时竣工，让大家都享受到政府支持的这个项目。"

文莱淡布伦跨海大桥施工场地

远在文莱的中国工程队正在克服重重困难确保大桥按时竣工。与此同时，身在中国南方珠三角的工程师们已经在为世界最长沉管隧道拼嵌最后一块拼图。

港珠澳大桥岛隧工程项目总工程师 林鸣
"我早就起来了，我本来想跑步，结果没带运动裤，所以我就没跑。最后一次了，再想想还有什么问题，怕漏了什么事儿没考虑好。就一点点，不多。"
"我从 2013 年，3 年多了嘛，3 年多最后一次，所以说前面我们准备得还是蛮充分的，但是这次就只有半个月的准备期，还是要小心。"

过去近 4 年间，林鸣的团队已经成功安装了 32 节沉管，最后一节沉管是压轴大戏，团队不免有些紧张，因为任何意外都会导致前功尽弃。

港珠澳大桥岛隧工程项目总工程师林鸣

"今天天气应该总体上还是很好的，因为我们最后一次了，我们总希望找个好天气。"

这节沉管的长度相当于两个足球场，是世界上最长的海底隧道沉管管节。在波涛汹涌的大海中，哪怕将它挪动 1 厘米，都需要经过周密的规划和相当于一支舰队的力量。

在过去 4 年里，林鸣的团队曾两次因海上突生异变不得不放弃安装作业。这一次，他们能顺利地将最后一节沉管安装完成吗？

准 备 安 装 最后一节沉管

最后一节沉管 E30

波澜壮阔的伶仃洋

纪录片
《港珠澳大桥》

The

Hong Kong-Zhuhai-Macao

Bridge

中国南方的珠江三角洲，一个质检小组正在对刚刚安装完毕的一节沉管进行检测。这节沉管是当今世界最长沉管隧道的一部分。

沉管隧道监理水下组负责人 廖建华

"我们就是要检查它合不合格，这次安装有没有达到我们设计的要求，深水采用沉管的这种方式进行水下作业，应该是国内第一次。"

这支水下质检小组的创建，是为了服务一项浩大工程，而这项工程将重新定义"中国制造"。

今天，中国已成为桥梁建造水平发展最为迅猛的国家，而中国建桥人一项崭新的"中国标准"正改变着桥梁的传统概念，它，就是港珠澳大桥。

港珠澳大桥是世界上最长的跨海大桥，设计使用寿命长达120年，这座大桥还将成为中国"一国两制"框架下，内地、香港、澳门三地间无法割裂的纽带。

水下质检

建设中的港珠澳大桥

为了完成这项浩大的工程，"中国制造"走出了一条创新之路。

港珠澳大桥管理局工程管理部副部长 景强
　　"因为我们最初选定方案的时候，根本没有现在这些施工技术设备，前人也没有这样去做过。"

在这样一项超级工程的背后，又有多少人在默默地付出和牺牲！

规模浩大的港珠澳大桥

港珠澳大桥管理局安全环保部 温华

"他们有好几年都不能回家，回去小孩都不认得他们了。"

对于中国新一代工程师们来说，港珠澳大桥真正的意义又在哪里？

港珠澳大桥岛隧工程项目总工程师 林鸣

"有的从 30 多岁到 40 多岁，有的从 20 多岁到 30 多岁，我觉得这应该是和他的人生，和我们的人生分不开的一个事业。"

10 多年来，遍布中国的数十个工程技术团队为建造港珠澳大桥夜以继日地默默工作着。

港珠澳大桥管理局总工办工程师 谢红兵

大桥主体
结构示意

港珠澳大桥管理局总工办工程师谢红兵

"这是三地政府间的一个合作，很不容易。因为我们各有各的一套项目管理方法，甚至有不同的技术规格，施工标准也不一样。这座大桥是三地亲如一家的象征。项目的目标就是，建一座世界级的跨海大桥，既能提供最好的服务，又能成为一个新的地标。"

港珠澳大桥全长 55 公里，是世界上最长的跨海大桥。它包括 22.9 公里的主体桥梁、4 个人工岛和一段 6.7 公里的世界最长海底沉管隧道。

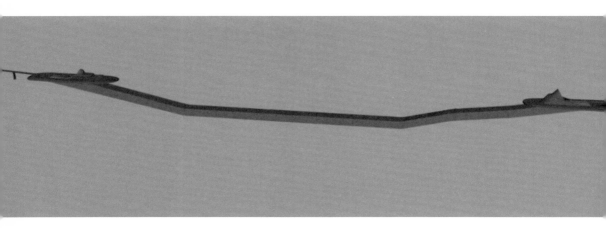

海底沉管隧道示意图（中间的沉管隧道通过两端的人工岛与桥梁连接）

现在，这项浩大的工程终于接近尾声，施工队正抓紧时间，把海底隧道的最后一节沉管沉放到海平面以下40多米深处，实施安装。

这节沉管的长度相当于两个足球场，是世界上最长的海底隧道沉管管节。林鸣和他的团队首先要将这块"巨无霸"运送到指定位置，而它的重量将近8万吨。那么，为什么要承担巨大的工程风险来建造一座桥，港珠澳大桥将带来什么样的回报？

即将沉放的海底隧道的最后一节沉管

中山大学教授 陈广汉

"如果这个桥打通，珠三角就形成一个东岸和西岸一个圆了，实现一个珠三角的无缝对接。这样讲，它的经济发展的潜力，会在后面慢慢地显现出来。"

港珠澳大桥必将进一步推进中国的现代化进程。大桥落成后，将跨越伶仃洋，把珠三角地区的各大城市整合为一个超级都市圈——粤港澳大湾区。目前，这一地区对中国国内生产总值的贡献已经超过了10%。为了实现这个远景目标，工程人员正在全力以赴。

在波涛汹涌的大海中，哪怕将它挪动1厘米，都需要一支舰队的力量。

港珠澳大桥岛隧工程项目总工程师 林鸣

"我们一共准备了 13 艘船，这里有一艘，这里一艘，4 艘。然后这里，这样有 4 艘。这是我们正常的 8 艘，今天我们想加快速度，今天是我们第一次做，你们都会发现，我们在前面还会增加两艘船，加快速度，就应该像下棋一样。"

但林鸣这盘棋下得很险，他总共动用了 40 多艘船、近 300 名工人合力完成这项艰巨的任务。此外，风险无处不在。伶仃洋航道每天往来的船只超过 4000 艘。为了将风险降到最低，广东海事部门也出动专用船只，负责疏导海上交通。当这片施工海域短暂封航后，林鸣的团队可以采取下一步行动了。

接下来的任务是将沉管拖到离岸 3 公里远的地点沉放安装，而沉管在海上每挪动 200 米就要花费 3 个多小时。林鸣在博弈，他尝试用新的拖船组合，加快运送的速度。可是，由于施加的力量巨大，只要有一点配合不到位，拉索便有可能断裂。这对船上的工作人员来说，非常危险。虽说这是一场博弈，但毕竟"艺高人胆大"，林鸣凭借的是多年来的经验。

港珠澳大桥岛隧工程项目总工程师 林鸣

"我们刚开始第一次干的时候，我就觉着是新手开车，我这个没有好好培训的司机，第一回上大街这种感觉。我们自己就造了一个设备，然后就给它开出去了，然后又开上大街了。原来我想请个教练，但人家要的钱比较多，我那时候请个教练，人家要我们就是用人民币当时要十几个亿。我们没有教练，让我们承担着很大的压力，或者说付出了很多的辛苦。但是，因为没有教练，我们就创造了很多的方法，我们自己的方法。"

沉管拖运

启动安放最后
一节沉管

林鸣的经验给了他大胆创新的动力，最终，实验成功了。

利用新的拖船队形，沉管以往常两倍多的速度移动了超过一半的距离。可是，新的问题又出现了。

港珠澳大桥岛隧工程项目总工程师 林鸣

"所以现在我让他们等待，等待流速潮流降下来以后我们就转向。还要移动1公里左右，就到达我们要下沉的位置，现在还有一个'红绿灯'，'红绿灯'就是海流，现在海流还不允许我们转方向。"

林鸣团队也许要在海上坚持8个小时，等待海流转向。这种为创造奇迹挑战精神极限的考验，中国人从来都不陌生。

港珠澳大桥岛隧工程项目总工程师 林鸣

"待命，待命，现在就停下来。等着调头，好不好？"

"我知道，我在这儿等一会儿，等它一个来小时，我看流小了，对。"

"我们计划不动，还是明天早上再对接。"

位于四川都江堰的安澜桥

　　在中国历史上，任何一项伟大工程的背后都是无数人的艰辛付出。中华民族曾经筑起的万里长城，成就了中华文明不朽的象征。

　　安澜桥位于四川都江堰，它的起始年代可能不晚于都江堰工程建造的年代，之后的两千多年来，它多次毁于天灾人祸，但一次又一次被重新建起来，成为高悬于岷江之上"安渡狂澜"的通道。中国的工程建筑史就是一部不断征服挑战的历史。斗转星移，今天，港珠澳大桥的建设者们又是一群什么样的中国人呢？

港珠澳大桥岛隧工程第Ⅱ工区项目部
孙洪春

港珠澳大桥岛隧工程第Ⅱ工区项目部
孙洪春

"我们大概 500 个人左右,都是从全国各地汇集过来。中国目前发展的重点的地方,都是在东南沿海。这样的话,我们内地或者其他地方的工人,都往这边来汇集。"

"我们东岛在整个港珠澳大桥,它是离岸边最远的一个工作面。当时我们东人工岛还没有形成,这儿还是一片茫茫大海,最开始的时候我们是住在工作船上,我们一个很小的工作船住了 200 多人,就是根本没有活动的空间。"

像小孙这样的工程人员需要适应的远不止施工的艰苦条件。小孙和他的妻子经人电话介绍相识后不久便结婚了。

两人相恋时,只能通过远程视频聊天增进感情。小孙的妻子也从事海上工程项目。眼下,她被派往另一处施工现场,和小孙天南海北。

港珠澳大桥岛隧工程第 Ⅱ 工区项目部 孙洪春

"我们没有固定的家，休假的话，我一般是到她工作的地方去。如果我们两个人都有空的话，会一起回老家看望父母。家还是小时候的那个家乡。"

不过，在大桥项目中也有一些幸运的人。

港珠澳大桥管理局安全环保部 温华

"我比较幸运，我本来就是珠海人，这个项目又在珠海，就是很多人也很羡慕我，每天下班看到我就说，回家了，又能回家喝汤了，多好啊！他们都很羡慕我。他们有好几年都不能回家，回去小孩都不认得他们了。"

港珠澳大桥岛隧工程第 Ⅱ 工区项目部 孙洪春

"我们的建设事业总归会有人来做嘛，即使不是我们，其他人也是一样要付出。那别人能够坚持，我们为什么不能坚持呢？"

港珠澳大桥管理局安全环保部 温华

"我觉得这种状况其实在很多地方都会有，也不一定说是我们这边的特色。当然我们这边，中国是个很大的国家，我们会有这样子的情况。但是同时，他们工作他们会觉得很有自豪感。毕竟是一个这么大的项目，一个国家级的超级工程，但是，当然是牺牲很大。"

港珠澳大桥岛隧工程第 Ⅱ 工区项目部 孙洪春

"我感觉能够参与到这么一个伟大的超级工程，就会不自觉地被这个项目的魅力所吸引，就是会有一种油然而生的使命感。"

沉管预制厂生产线

沉管隧道施工
示意

珠三角地区每天有超过 600 万吨的货物进出，货船不断在香港、
深圳，甚至广州停靠。在这片繁忙的水域建造大桥势必会影响到货
轮的往来。设计师们起初打算把桥面架高，让大型货轮从桥下通过。
然而，他们随即又面临一个新的难题。

施工现场靠近香港国际机场，因此大桥高度不能超过 88 米的
上限。设计师们又想出了一个新的方案，让大桥的一部分从水底穿
过。于是，一段 6.7 公里长的海底沉管隧道应运而生。

在隧道修建过程中，工程人员又实现了一项突破。他们将整条
隧道分成 33 个管节，平均每节重量超过 5 万吨，长 180 米，全部
在工厂预制完成。预制工厂便设在近海的牛头岛上，以便利用水的
浮力运输这些庞然大物。

荷兰隧道工程咨询公司执行总裁
汉斯·德维特

　　"这些沉管是迄今为止最大号的，我 2008 年项目启动时就来中国了。他们真的是从零开始，自己摸索出技术，并创新方法。而这些新方法也在建设中通过了充分的检验，最终确认了他们的新方法，能够应对各式各样的挑战。"

荷兰隧道工程咨询公司执行总裁
汉斯·德维特

建设中的人工岛

　　但设计师们还需要把大桥水面上的部分和海底的隧道连接起来。
办法就是：通过填海造出两座人工岛。

　　可是，人工岛的方案又带出了新的难题。

　　用传统的方法填海造岛大概要花两年多时间，这是大桥工期所
不允许的。为了抢工期，工程师们设计了一套全新的方法来建造人

工岛。他们将巨大的钢筒插入 30 多米深的海底，围出一个人工岛。
两座人工岛一共使用了 120 个钢筒，每个钢筒直径 22 米、高 40 到
50 米，相当于 4 辆大卡车。

　　钢筒被敲进海床后，人工岛便在此基础上建造，以衔接大桥桥
梁结构和海底沉管隧道。

圆钢筒

西人工岛最后一个圆钢筒

大桥的珠海一侧解决了人工岛难题，香港一侧的工程师们也在尝试用新的方法修建岛隧。

中建香港土木公司副总经理 庾培忠

"我现在在这个项目里面，是一个高级地盘经理，从投标开始就参与到现在，差不多5年时间。这段项目主要一共有2.65公里，其中包括1.1公里的隧道，再加1.5公里的地面道路，地面道路主要是建立在23公顷的填海区。又是在机场岛上，自开岛以来，也算是第一次在机场岛上面，进行一个这么大截面的爆破施工。"

中建香港土木公司副总经理 庾培忠

港珠澳大桥和香港连接的部分靠近香港国际机场。特殊的地理环境对香港连接线的设计提出了挑战。

香港连接线全长12公里，这条连接线并非一条直线，而是通过9.4公里长的高架桥、1公里的穿山隧道和一段1.6公里的公路，将大桥与填海而造的香港口岸相连。

香港连接线被分成若干区段同时施工，工地旁边就是全香港交通最繁忙的地区之一。

香港连接线设计理念

港珠澳大桥香港连接线项目代表 谢迅猷

港珠澳大桥香港连接线项目代表 谢迅猷

"这项工程难就难在，我们处在机场周边，那边有储油罐，左边还有缆车中转站，前面还有马路。"

香港连接线既不能阻挡香港机场的空中航线，也不能破坏周边已经建成的任何基础设施。为此，工程师们设计了一个独立的小岛作为中转。不过，这个小岛如何建造也是个难题。

香港施工现场用于中转的小岛

中建香港土木公司副总经理 庾培忠

"一个是环境方面的挑战，因为这一段工程是有一个填海。填海的时候我就采用一种不清淤的填海方式，一共23公顷的填海，我们不能清淤，所以在这方面，我们也在设计一些施工方法。"

在传统的填海工程中，从海底疏浚的淤泥会被丢弃，造成环境污染。为了保护环境，香港一侧的工程采用了和内地一侧类似的方法，用钢筒围护快速成岛。但是香港这一侧的施工地点被大山环绕，给建造连接大桥的道路造成了麻烦。于是，工程师们决定开凿一条穿山隧道。

将1公里的隧道一分为四，工人们得以同时建造隧道的各个部分，从而将工期缩减了一半以上。

穿山隧道施工现场

中建香港土木公司副总经理 庾培忠

"由于隧道长仅 1 公里，就根据地质的不同采用了 4
种不同的方法。其中有一种应该说在香港还是第一次采用。
我们一共分了 6 块预制件进行连续的顶推，其中每一块的
重量都达到接近 5000 吨，最大的推力达到 17000 多吨。"

对于这个项目中的内地工程师们来说，他们还有另一
个意义上的收获。

中建香港土木公司副总经理 庾培忠

"因为我们从大学毕业，过了半年就直接来香港工作，
一开始肯定是有点不适应，包括语言啦，包括文化啦，包
括当时其实香港跟内地的沟通和交流，那时候相对比现在
还是少的，特别是十几年前，但是经过在这一边，无论是
做工程还是公司的各种帮助培养，到现在基本上已经熟悉
了香港本地的文化，已经融入到香港整个文化中间。"

在大洋彼岸的纽约市，中国的工程人员不仅在合作建
造和参与维护这座城市的基础设施，也在感悟美国的桥梁
文化。

中建美国土木公司项目主管 维肯·瓦里安

"这是中建美国承建的格里森湾大桥项目，我们要重
新建一座全新的大桥。老桥年久失修，已经不成样子了。
老桥还是上世纪三四十年代建的，之后就没怎么修整过，
现在我们要建一座全新的大桥。现在我们有新技术、新材料，
所以新桥应该会比老桥更加结实耐用。当然我们还是要向
前人致敬，你可以看到他们的工艺，感受到他们建桥时的
那份自豪。"

中建美国土木公司承建的格里森湾大桥项目正在施工

中建美国土木公司董事长 吴志刚

　　"纽约之所以是现在的纽约，跟它的这些桥是分不开的。从 19 世纪后期到 20 世纪 50 年代，美国在民用工程领域创造了不少奇迹，包括布鲁克林大桥、乔治·华盛顿大桥、林肯隧道、荷兰隧道、中央火车站和肯尼迪国际机场。这些工程上的革新直到现在还让全世界受益。"

如今，民用工程的技术潮流仍旧在由西方引领吗？也许，这一领域的国际格局早已发生了变化。

港珠澳大桥桥梁 DB01 标设计负责人 孟凡超

"（20世纪）六七十年代以前，世界桥梁建设和技术的重心在哪里？在欧美。20世纪的六七十年代以后，到21世纪初这段时间，世界桥梁建设和技术的重心在哪里？日本。日本在它70年代经济起飞以后，建了相当大量的一批世界级的跨海大桥和隧道工程。那么，到了21世纪初，到今天来说，可以说世界桥梁建设的重心和技术的重心在哪里？在中国了。"

过去20年，中国在广袤的国土上兴建了大批桥梁，循序渐进，厚积薄发。中国建桥人在下一盘很大的棋。

美国旧金山金门大桥（1937年通车）

日本明石海峡大桥（1998 年通车）

杭州湾大桥（2008 年通车）

重庆朝天门长江大桥（2009 年通车）

港珠澳大桥管理局总工程师 苏权科

"比如说1991年开工的汕头海湾大桥、1992年开工的虎门大桥，还有1997年开工的厦门海沧大桥，都是为了做伶仃洋大桥做技术储备，锻炼人才。"

港珠澳大桥管理局工程管理部副部长 景强

"我在上学的时候，港珠澳大桥就几乎是我的一个梦想。没想到，我上学时候的一个梦想，居然就在我的职业生涯当中，不小心变成了现实。而我又有幸参与到了这个过程当中，而参与过程当中我亲历了港珠澳大桥整个技术演变的过程。"

"因为我们最初选定方案的时候，根本没有现在这些施工技术设备，前人也没有这样去做过。"

"我们要求钢筋180度弯完了以后，整个的弯曲部位是不允许有任何开裂迹象的。如果有开裂那么就判定为不合格，所以我刚才讲了，就这一层镀上去的膜，它越厚，这个弯曲性能越难保证。"

"应该说我们这代桥梁人还是非常幸福的，一个是有国家战略的支持，另外一个我们也恰好赶上了有现在这个经济实力，有现在这个技术储备，对吧？我们能实现。"

钢筋被弯成180度

施工技术锐意创新

然而，无论积累了多少经验，要完成前人从未尝试过的工程技艺，即便是最有资历的工程师，也会如履薄冰。林鸣的团队正全神贯注，安装大桥最后一节沉管隧道。如此规模的工程在中国前所未有，但它似乎已占到了天时地利。由于海流及时转向，沉管按时抵达了下沉位置。

港珠澳大桥岛隧工程项目总工程师 林鸣
　　"前面结束了，现在开始做沉放准备。你比如，你马上能看到，有些我们叫拉合，要把它拉到一块儿安装啊，有些临时保护装置要拆除啊，然后沉管顶上现在还有很多为了拖航用的一些设备要把它拆除啊。现在用了8个大的锚，还没有抛好，固定的时候，它的风险是比较大的。就横向的水流它会让它移动，假如到了我们白色区域的时候，这个就是大麻烦。"

林鸣的团队在夜以继日地进行最后一节沉管的安放

工人们必须抓紧时机，赶在海流将沉管推跑之前完成沉管安装。即便没有海流干扰，将沉管沉放到海床上的预定位置也是一项艰巨的任务。2013 年，安装第一节沉管隧道时，整个过程耗时超过了 90个小时。

港珠澳大桥岛隧工程项目总工程师 林鸣
"我们没有两班人，我们就一班人员，一班人员要从头干到尾。那么中间像这个阶段的时候，我们有些人员，比如像这里操作的人员，现在他们有些就去休息，稍微休息 3 个小时、5 个小时，稍微休息一下。当然有的休息也就是歇歇而已，是一种安慰。这个人不像开关，休息，一打开，工作，他不会。他可能能够睡着，休息一会儿，可能一点也睡不着，其实这是一个挑战，连续的工作，疲劳，这可能也是我们这个阶段的一个挑战，整个 30 多个小时的一个挑战。我们第一次是 96 个小时，96 个小时，第一次。"

疲惫的技术人员

施工人员彻夜工作

林鸣希望能在天亮前完成安装，但成功与否不仅要看他的队员们能否战胜体力上的煎熬，海底任何一次暗流涌动都蕴藏着危机。过去 3 年里，安装小组曾经两次因为在海上遭遇突发状况，不得不中断作业。

隧道高温测试

大桥护栏冲撞测试

就在林鸣团队努力克服各种艰难和险情的时候，另一个团队正在进行一项重要的试验。沉管隧道位于水下40多米深处，任何意外都可能导致灾难性的后果。为了确保海底隧道的安全，工程人员正在测试隧道关键性结构能否抵御1200摄氏度的高温，同时制订全系统的应急预案，以便在30分钟内处置任何意外。

大桥桥面护栏的安全也同样重要，为此，工程人员设置了一套模拟装置，测试大桥护栏能否禁得住各类汽车时速超过100公里的冲撞。

高温测试与冲撞测试

与此同时，林鸣的团队即将完成他们为之奋斗了近十年的工程任务。现在是最后、也是最关键的一道工序。他们要将E30管节嵌入之前已经铺好的沉管之间，完成这幅巨大的海底拼图。

港珠澳大桥岛隧工程项目总工程师林鸣

"现在两个沉管已经对上了，按照我们的程序要检查，检查有没有一些意外的异物啊，或者有些什么情况。要看看间隙的情况正不正常。今天是特别地顺利，而且我们这些工匠们操作得也特别精细，目前的感觉还可以，当然要看最后，所以我们现在还不能讲。"

"这部分完了以后，我们就最后进行叫压接，最后我们还要再拉一下，然后进行压接。压接完成，那么这次对接就完成了。"

过去三年，林鸣的团队已经安装了30多节沉管，打造了世界上最长的海底沉管隧道。人们希望，在这项超级工程中使用的各项方案能为未来的基础设施提供一个建设蓝本。

最后一节沉管
成功安放

港珠澳大桥岛隧工程项目总工程师林鸣

"比如像我们港珠澳（大桥）这种工程，它没有可复制性，这个工程上用的方案，比如你换一个工程，哪怕情况类似的时候，不一定能够原封不动地去用，这

现场的技术人员一起庆祝最后一节沉管顺利安装

是对一个工程师非常重要的。"

"但是对于这种复杂工程,我认为学的是方法,而不是一个方案。也不能叫精神,精神有点儿高大上,传承的是方法,思维的方法。"

"我其实早就感觉不仅仅是一座桥了。就是我们这些,我们这个团队,这投入了有些都 10 多年了,有的从 30 多岁到 40 多岁,有的从 20 多岁到 30 多岁,我觉得这应该是和他的人生,和我们的人生分不开的一个事业。"

林鸣的团队终于完成了沉管隧道最后管节的安装,是否真正成功,还要由质检小组来判定。

潜水队队长 罗雄斌

沉管隧道监理水下组负责人 廖建华

沉管水下质检

潜水队队长 罗雄斌

"今天任务，我们是组织这个差不多 10 位同事，他们进行一个，E30 管节跟 E31 对接好，水力压接完成以后进行水下的状态检查。"

沉管隧道监理水下组负责人 廖建华

"管节间在对接以后它们之间通过止水带进行止水，就是防止隧道漏水。我们就是要检查它合不合格，这次安装来说呢有没有达到我们设计的要求。应该来说就是在深水在采用沉管的方式进行水下作业，应该是国内第一次。"

质检小组将下潜到水下 50 多米深处，对沉管安装进行评估。检查过程中，潜水员需要下潜到安装地点，在几处特别的位置测量数据，并将结果上传到控制船内，供船上的工程人员根据具体的规格要求进行比对。

"潜水到达沉降面。"

"好的，到达沉降面。潜水员判断方向，往北行进。这边看的数字是 9 毫米，请确认。移开镜头，你自己确认。"

质检小组有多项内容需要评估，包括新安装的管节是否达到设计要求，以及防止漏水的止水带是否工作正常。

潜水员入水检查沉管的安装质量

沉管隧道监理水下组负责人 廖建华

"可能会出现的问题有很多种情况的，比如说，一个压缩的不均匀，或者说止水带里面还夹带了一些异物，那么这些情况都会影响止水带止水的效果。"

如果质检小组查出哪怕一处异常，都有可能影响整个隧道的性能。林鸣团队就必须采取补救措施，而这势必会影响整个大桥项目的工期。现在，质检小组正在比对最后一组数字。

沉管隧道监理水下组负责人 廖建华

"从我们检测的情况来看，情况还是比较理想的。对接、压缩都是很均匀的，达到了一个比较高的水准，就是我们现场判断。"

林鸣团队的成功仅仅是港珠澳大桥项目取得的众多突破中的一项。这许许多多的技术创新会如何影响中国未来一代的工程师呢?

　　港珠澳大桥管理局工程管理部副部长 景强
　　"我自己觉得我这一代应该是,跟着现在的中国这种跨越式的发展成长起来的。并不一定说港珠澳大桥超越了全世界的桥梁,我不敢说,但是我意识到了我有差距,那么我想,一代人不行,两代,一个项目不行,两个项目,只有意识到了这种差距,我相信终究有一天一定会超越的。"

　　"我们现在是在广东长大 CB07 标的中山集料加工厂,现在的桥面铺装已经进入攻坚阶段了。今天我们主要到现场来,看一下我们石料生产的质量的稳定度。"

　　"现在你看我们这个洁净度,现在你看一下,我们拿手抓完以后,打开,非常干净,你看,一点石粉都没有。"

　　"我们能做到这么精细,我们并不是说我一定做到极致或做到最好,但是我们在我们能力范围内,还有我们能想到的,我们尽量要把它做到最好,以我们的这种态度去保证我们整个桥的质量。"

石料生产车间

　　港珠澳大桥项目所体现的不仅仅是中国过去几十年建桥技术的积累，它同时也在重新定义"中国制造"未来的方向。

　　引入机器人系统就是一个例子，对于中铁山桥这个中国历史最悠久的桥梁建筑公司来说，在桥梁钢结构生产线上引入机器人系统，将工厂的装配生产提高到前所未有的水平。

桥梁钢结构生产线上引入机器人系统

中铁山桥（集团）有限公司党委书记
郭长江

　　中铁山桥（集团）有限公司负责人
郭长江

　　"我很自豪地说，我也没想象出来，
它这个地方出现断弧啊，崩坑啊，是很
正常的。但是港珠澳大桥，我没有发现
一个。焊缝就是指的这一条焊缝，一条
焊缝.汽车大量采用的都是这种机器人，
而钢桥制造是没有的。这个应该是从港
珠澳（大桥）开始的，也就是业主提出的，
要引领行业技术进步，这个钢桥制造业
的行业，它的进步，怎样去引领？从加
工方法上。"

　　在许多人看来，这项工程的意义，
远远超过了大桥建造和技术的突破。

机器人助力钢
桥制造

　　港珠澳大桥管理局总工程师 苏权科
　　"我们建的确实不仅仅是一座桥，
或是一个隧道，我们建的是一个连接，
是个 LINK（连接）。这个 LINK（连接）

建设中的港珠澳大桥

不光是把三地的地理连接起来，它把我们的思想、感情，包括我们
多少年来创造的优势的东西，都能够连接起来。包括把我们的技术
标准对接，把我们的规则要对接，把我们的理念要对接。"

林鸣和他的团队刚刚在一个月前安装完海底隧道最后一节沉管。现在他们又回到现场，需要完成沉管隧道最终接头的安装。未来，港珠澳大桥贯通，将实现珠三角东岸的香港与西岸的澳门和珠海之间的地理连接。港珠澳大桥也因此具有了象征意义。

　　港珠澳大桥管理局工程管理部副部长 景强

　　"刚开始的时候我觉得我就是在做建桥这件事情，但是现在建完了以后，翻回头来一看发现，可能是因为我们建了一座桥，带动了很多事情。比方说我们，因为我们做港珠澳（大桥），因为我们提出了这种设计的理念，因为我们要实现这种意图，实现我们这种目标，那我们可能很多地方要改变，装备要改，材料要改，技术要改，理念要改，各个方面都要改，但是这个东西可能不是我这个眼界上的人能看得透的。"

港珠澳大桥壮丽的建设场面

港珠澳大桥桥梁DB01标设计负责人 孟凡超

"再有一个，从设计上讲，我们这个大桥有非常鲜明的景观文化和大桥的桥梁文化在里面。看过这个大桥的，他会比较认同这个观点。港珠澳大桥不是光是一个交通功能的人工构筑物，而是一个有血有肉的文化的载体。"

港珠澳大桥管理局总工程师 苏权科

"所以跨粤港澳三地建立这样一个桥，它的意义不仅仅是建成一个高品质、长寿命、世界一流的工程，它对三地的发展，而且，对国家以后要造一些类似的工程，包括世界上不同的标准、不同的制度、不同规则的地方，要建一些桥，怎么样来建，都是很好的借鉴。"

对于港珠澳大桥，有人看得高，有人看得远，也有的人更愿细细品味它陪伴自己走过的时光。

港珠澳大桥岛隧工程员工 钟健荣

"我是毕业之后进了公司，是公司分配我来这里。我们都是广东惠州人，我觉得也是广东的嘛。我觉得对香港、澳门、珠海三个地方，都是一种联系嘛。因为香港跟澳门也跟我们大陆分开了一段时间，现在回归之后有这座桥作为联系的话，我相信我们肯定会越来越好。"

钟健荣的工友

"这个岛，包括这一段桥，本身也是我们亲身经历来建设的。"
"当时确实也挺激动的，也是我们人生最重要的一个日子。"
"他 5 年了，我两年多。"
"在我们的心目中，我们每个人都有两个情人，一个是自己的爱人，一个就是这个项目。"

桥梁是跨越阻隔的沟通，同时"桥梁"一词也被升华为人类精神的沟通，港珠澳大桥联结起中国的内地、香港和澳门，也将中国与世界联在了一起。

被港珠澳大桥联系起来的不仅是人群和地域，还有中国的昨天、今天和明天。经过近 70 年的发展，中国的建桥人从一只刚刚学习飞行的雏鸟成为展翅领航的大鹏。"中国标准"正将越来越多的"中国制造"展示给全世界，而港珠澳大桥呈现了通向"中国梦"最新最美的道路。

港珠澳大桥岛隧工程员工钟健荣（前排右）在大桥上拍婚纱照

建设人员的桥
上婚礼

雄伟壮观的港珠澳大桥（局部）

电影
《港珠澳大桥》

THE

HONG KONG-ZHUHAI-MACAO

BRIDGE

世界上最宽广的是海洋，
比海洋更宽广的是天空，
比天空更宽广的，是人的胸怀！

　　2009 年，中国南方，胸怀壮志的中国工程师，在波澜壮阔的伶仃洋上开启了一段梦幻之旅。

　　仅仅 8 年时间，他们在海天之间托举起一个人类奇迹——世界最长的跨海大桥。

　　如今，雄伟壮丽的港珠澳大桥横跨伶仃洋，将香港、澳门和珠海三地连为一体；它像一条腾飞的巨龙，将中国人的信心和梦想再次点燃。

建设中的港珠澳大桥（局部）

台风来袭

【新闻报道·2017年8月23日】

　　"今年的第13号台风'天鸽'预计今天登陆广东沿海，将给附近地区带来强风暴雨。根据中央气象台今天早上7点发布的监测数据，'天鸽'已经加强为强台风级。"

　　"港珠澳大桥西人工岛多面环海，岛上作业较多，是珠海市这次防台风的重点。"

　　"珠海市紧急疏散撤离了港珠澳大桥西人工岛上的15000名工作人员。"

　　"台风'天鸽'登陆时，中心附近最大风力达到14级。"

　　"当地边防、公安、交通等部门调集110辆公交车、20辆军用车，以及300多辆民用车辆，从22号晚上19点开始，分20组疏散撤离岛上的人员。"

　　"中央气象台发布台风红色预警，并提升重大气象灾害应急响应至2级，香港和澳门也一度将台风警报提升至最高级，强风以及风暴潮破坏力大，其威力与1991年第11号台风'弗雷德'并列，成为1949年以来8月登陆广东的最强台风。"

　　"此次'天鸽'的来袭，给我国南方多地带来了灾害，澳门在此次台风灾害当中遭受到了重创。"

　　"'天鸽'余威犹在，'帕卡'接踵而来，中央气象台今天继续发布了台风的黄色预警，预计今年第14号台风'帕卡'将于明天

在我国广东西部沿海登陆。"

　　"今天 9 时左右，台风'帕卡'在广东省台山市东南沿海登陆，登陆时中心附近最大风力有 12 级。"

　　台风过后，雨过天晴。刚刚贯通 50 天的港珠澳大桥，经受了一次洗礼，巍然屹立在伶仃洋上，让世界惊叹。

巍然屹立的港珠澳大桥

港珠澳大桥是世界上最长的跨海大桥，工程总投资约 1200 亿元人民币。它位于珠江出海口，横跨伶仃洋，全长 55 公里，从香港口岸人工岛开始，通过 12 公里的连接线，经东人工岛，进入世界最长的海底沉管隧道，水下穿行近 6.7 公里，由西人工岛进入 22.9 公里长的大桥，到达珠澳口岸人工岛，然后分流到澳门或珠海。

这样一个举世瞩目的超级工程，其设计和施工难度刷新了多项世界纪录。2015 年，英国《卫报》更将其称为"现代世界七大奇迹"之一！

港珠澳大桥由桥、岛、隧三部分组成，其中，6.7 公里的海底隧道，由 33 节沉管对接而成，施工难度更是史无前例。

港珠澳大桥海底隧道内景

2013 年 5 月 2 日，海底隧道的第一节沉管开始首秀，在随后 4 年的施工中，中国工程师们苦战 1400 多个日夜，32 节沉管被依次沉放，在海底深处，像绣花一样成功对接。

如今，还剩最后一节，编号 E30。

6.7 公里的海底隧道，即将迎来最后一节沉管的安装。

【字幕】2017 年 3 月 4 日凌晨 5 点，港珠澳大桥施工营地码头

2017 年 3 月 4 日，准备工作即将开始。年满 60 岁的岛隧项目总工程师林鸣带领他的团队，赶往施工海域。

林鸣，1957 年出生，江苏兴化人，港口水工建筑专业毕业，从一个普通的建筑工人做起，一直做到中国交建总工程师。自 2010 年 12 月起，担任港珠澳大桥岛隧工程项目总经理、总工程师。

【字幕】2017 年 3 月 4 日凌晨 6 点，E30 沉管隧道施工海域

津平一号，中国目前最大的整平船，完全由中国自主研发，专门为建设港珠澳大桥量身打造，是当今世界最长的海底隧道施工的关键装备之一。

【同期声】
"报告林总，E30 最后一条垄，整平工作准备就绪，特此汇报，

津平一号整平船

请您下令！"

　　"开始铺设！"

　　在 40 ～ 50 米深的水下铺设沉管，需要事先在海床上挖出一条沟槽，铺上 2 ～ 3 米厚的石块。

　　整平船的工作是将铺好的石块夯实整平，平整误差在 4 厘米以内，在地质环境复杂的海床上创造出一种新的复合地基。

　　如此浩大的海底工程，世界第一次！

　　他们在挑战中摸索，在摸索中前进。他们攻克了一系列世界级难题，打破多项世界纪录，形成的发明专利达到 400 多项。

　　【采访】林鸣

　　"所有的问题，（用）智慧，我们有我们的智慧，用我们的智慧，但所有问题的解决，（依靠）全球资源，国际资源。中国工程师今天能够把它完成，我们感到自豪！"

　　一切准备就绪，决战即将来临。

　　伶仃洋海域，拥有世界上最繁忙的海港和空港，每天有 4000 多艘船只和 1800 多架航班穿行其间，而香港、澳门、珠海、深圳等几个机场就在航道附近，飞机起飞不到一分钟就将飞越伶仃洋上空，海面上航空限高不能超过 120 米。

　　要想在如此繁忙的航道上修建一座跨海大桥，唯一的办法是采用桥岛隧结合的方案。

　　然而，在这片海域，却没有可供施工利用的岛屿。

　　2009 年，中国桥梁史上最具想象力的方案被批准实施，办法是用 120 个巨型钢筒，直接插入到海底，然后在中间填土，快速形成人工岛。

港珠澳大桥人工岛建设场景

建成后的人工岛

这种方法与传统工艺相比，不但工期短，而且减少淤泥开挖量近千万立方米。

建成后的人工岛，就像两艘巨型航母停泊在海面上。而两座人工岛之间，是长达 6.7 公里的海底隧道。

这样的工程奇迹，在 60 年前简直无法想象。

1954 年，为了连通大陆和厦门岛，3000 多民工用最简陋的工具，移山填海，修建起一条 5 公里长的海上长堤。1955 年拍摄的纪录片《移山填海》，真实记录了当年的建设场景。

【同期声】

"停潮时间只有半个小时，赶快抛啊。"

"李玉清创造的快速抛石法，提高了抛石功率 720 倍，筑堤英雄们又创造了'走马抛石法'。"

【字幕】2017 年 3 月 6 日凌晨 5 点，牛头岛

【采访】林鸣

"14，15，16，17，三年多了嘛。三年多，最后一次。昨天船上拍照，我们很多船长流眼泪，他们给我看一个短信'就结束了吗？'

纪录片《移山填海》剧照

特别是时间长了以后，然后过程当中有很多的困难嘛，很多的难题解决了以后。这个开头走到今天太不容易了，还是有点依依不舍。告别一个舞台的那种感觉，一个这样的心情。"

【字幕】凌晨6点

最后一节沉管，即将出坞。
但伶仃洋上的大雾，使林鸣的心悬了起来。

【采访】港珠澳大桥管理局总工程师　苏权科
"我们建的是一个连接，是一个LINK。它从珠海连接线开始，有4座隧道，有4个人工岛，还有40多公里的桥梁。所以，从几个城市到这些岛再到这些隧道、桥梁，就好像一条银线，把一些珠子串起来。"

一条银线串起一串珍珠，点缀在伶仃洋上。这片海域中国人熟悉而又陌生。700多年前，文天祥在此留下了"人生自古谁无死，留取丹心照汗青"的著名诗篇。几百年来，东西方文明在这里交汇。如今，中国工程师用一句"珠联璧合"来象征伶仃洋两岸三地的紧密结合。

横跨伶仃洋的港珠澳大桥（局部）

中国人的现代桥梁史，开始于 80 年前的战火之中。

20 世纪 30 年代，39 岁的茅以升受命在钱塘江上修建一座大桥，而外国人却断言"钱塘江不可能建桥"。

中国工程人员艰苦奋战三年零一个月，1453 米长的钱塘江大桥终于建成通车。

但是，淞沪抗战爆发后，茅以升却不得不做出沉痛的选择，亲手将大桥炸毁。

仅仅通车 89 天，中国人第一座现代化的铁路公路两用桥，就这样瘫痪在日寇侵略的战火中。

1949 年，中华人民共和国成立，中国桥梁开始跨越高山大河。

1957 年，武汉长江大桥建成通车，它是长江上的第一座大桥，被称为"万里长江第一桥"。开国领袖毛泽东在武汉畅游长江时，盛赞武汉长江大桥是"一桥飞架南北，天堑变通途"。1968 年，又一座大桥建成通车，它是长江上第一座中国人自行设计建造的公铁两用桥，它就是南京长江大桥。

这些跨越江河的大桥，打通了中国的南北大动脉，长江两岸千年梦想得以实现。

越过高山，跨过江河。中国的桥梁承载着民族的希望，牵动着领袖的情怀。1993 年，89 岁的世纪伟人邓小平站在上海杨浦大桥上，有感于改革开放带来的巨变，很少写诗的老人家即兴吟诵了两句诗："喜看今日路，胜读百年书！"

时光飞逝，改革开放 40 年，工程技术迅猛发展，中国已成为世界第一桥梁大国。

如今，高山之上，海天之间，飞扬的是中国人的梦想。

抗日战争中被炸毁的钱塘江大桥

武汉长江大桥建成通车（1957 年）

虽然有了 32 次的成功，但最后一节，反而让林鸣感到了更大的压力。

【同期声】

"这次安装是这样的，这个 29 现在已经装完了嘛。29 装完以后，现在马上装 30， 对吧。"

"29 装完了。（装）29 的时候我们还能动，有偏差，差几公分，用 30 去凑它。现在就不行了，现在 29 装完了，那 30 一定要跟它匹配，整个这几十个沉管，最后这个沉管，它受到的约束条件是最多的一个。我们也是蛮有压力的。刚才讲平常心嘛，其实这个很难做到，因为大家的心情都不是特别平常。"

"你们千万千万帮我把这个各方面的工作，尽量做好，大家都高兴，好吧？好不好？拜托，拜托。"

【采访】林鸣

"其实我真的蛮有压力的……，因为这个东西，人算不如天算。中国一句老话叫'人努力，天帮忙'，很多东西不是你能够控制的。"

港珠澳大桥横跨珠江口，由于阻水比和抗 8 级地震、抗 16 级台风的要求，桥梁设计面临新的难题。

跨越能力要大，体量要轻，传统的混凝土结构很难满足这个要求，工程师们决定采用钢箱梁结构。

钢箱梁

钢箱梁

　　而这样一来，用钢量将达到 42 万吨，足以建造 60 座埃菲尔铁塔。

　　中山制造基地，港珠澳大桥第一片大节段钢箱梁，正准备装船运往 30 多公里外的施工现场。

　　它长 132.6 米，宽 33.1 米，重量达到 2815 吨。

　　8 台液压车联动，896 个轮子步调一致，而这一切，只需要一个人遥控就能完成。

　　2815 吨，移动 220 米，他们创造了一个新的世界纪录。

　　这片巨大的钢箱梁被吊装到泊船上，经过 24 小时的海上运输，被运抵安装现场，两台海上大力士正在等候着它，它们堪称"大国臂膀"。

钢箱梁装船

移动钢箱梁所用的液压车

钢箱梁吊装

　　20 世纪 50 ～ 60 年代，中国的海上吊装能力主要集中在码头和港口。几吨到几十吨的起重能力，已经让国人激动不已。

　　【视频资料】京剧样板戏《海港》唱段：
　　看码头，好气派，
　　机械列队江边排，
　　大吊车，真厉害，
　　成吨的钢铁，
　　它轻轻的一抓就起来。

　　随着中国大型装备制造业的不断发展，几千吨的浮吊船已经成为海上的常备力量。
　　起吊能力超过 12000 吨的海上巨无霸，也在随时等候着召唤。

　　【字幕】2017 年 3 月 6 日上午 7 点，牛头岛

　　伶仃洋上依旧大雾弥漫，但准备工作却在有序展开。

【同期声】

海事船：

"0188，请你们立即离开！ 0188，请你们立即离开！"

"为了配合港珠澳大桥沉管浮运施工，请你们立即离开！"

会场领导动员：

"我们的成败是和全国人民乃至全世界人民的心情连接在一起的。"

"我相信，我们一定能圆满地完成安装任务，向三地政府和人民交出一份满意的答卷！"

沉管安装团队整装出发

沉管安装人员举行仪式，祝愿安装工作顺利完成

【采访】林鸣

"目前我们在海上的全部人员，应该有 400 人左右，大概有将近 40 艘船吧，都是我们这个编队的范围。"

"这个是我们的沉管，现在我们的方案是这样的，这里有 4 艘，然后这里，这样有 4 艘，这是我们正常的 8 艘——8 艘拖轮。拖航的时候，我们有一个航道，这个航道的宽度大概就是 200 多米，离开这个航道，它的水深就不够。这里以前是一个采石场，我们选了这儿，利用这两个岛的天然屏障，花了最小的代价，换得一个最好的出坞环境。"

牛头岛原本是伶仃洋上一个无人居住的荒岛，工程师们将这里改造成了世界上最大的沉管隧道制造工厂，为大桥生产 33 节世界最长的海底沉管隧道。

大部分沉管长 180 米，宽 38 米，相当于 16 个篮球场的面积。重量接近 8 万吨，几乎是一艘大型航空母舰的排水量。

33 节沉管将消耗 33 万吨钢筋和 200 多万吨混凝土，这些材料足以建造 8 座 828 米高的迪拜塔。

位于牛头岛的沉管预制厂（远景）

沉管预制厂近景

　　港珠澳大桥的设计使用寿命采用 120 年的国际标准，这让中国从一个桥梁大国走向了桥梁强国。

【采访】港珠澳大桥管理局工程总监　张劲文

　　"这是我们港珠澳大桥桥面铺装最细的一档料，我们采用的是类似于精密化工，还有食品级的加工方式，港珠澳大桥在沉管隧道的预制，在墩台的预制，在钢箱梁的制造与加工，包括桥面铺装等，小到碎石的加工上面，我们都采用了工厂化的模式去进行，我们希望把交通行业的土木工程推向一个制造业的高度。"

　　中铁山桥——中国钢桥的摇篮。

　　为了满足港珠澳大桥的技术标准，研发了机器人焊接系统，这让拥有百年历史的老字号，一举拥有了世界上规模最大、焊接精度最高的钢箱梁自动化生产线。

港珠澳大桥管理局工程总监　张劲文

用于港珠澳大桥桥面铺装的材料

【采访】中铁山桥公司（集团）党委书记　郭长江

　　"汽车大量的采用的都是这种（机器人），而钢桥制造是没有的，这个应该是从港珠澳（大桥）开始的，也就是业主提出的要引领这个行业技术进步。这个钢桥制造业的行业，它的进步，怎么样去引领，从加工方法开始。"

中铁山桥的机器人焊接系统

中铁山桥带有机器人焊接系统的焊接车间

嬉戏中的中华白海豚

2017 年 7 月 20 日，港珠澳大桥施工海域雨过天晴，首次被成功救助的一头海豚，在大桥建设者和保护区人员的呵护下，放归大海。

大桥施工海域恰好穿过中华白海豚自然保护区，这种珍稀动物是香港回归祖国的吉祥物。

港珠澳大桥开工前，工程师们立下了誓言："大桥通车、白海豚不搬家。"

监测结果表明，至大桥竣工，依然有大约 1890 头中华白海豚欢快地栖息在港珠澳大桥周边海域。

在人与自然的相处中，中国人的哲学是尊重自然，顺势而为。

蜿蜒曲折的港珠澳大桥

【采访】苏权科

"大家从这里看这个桥，弯了几个大弯，这个桥位从珠海到香港，或者从澳门到香港，都是定的，为什么不能直着走呢？（直着走）可能看着会短一点，但是因为这个航道，船过的时候，要跟这个地方的水流垂直。因为海里面不像江河就一个方向，（海里面）在不同的地方水流方向不同，为了跟它垂直，所以这个地方就要拐一下，拐个弯，到这里来，跟这里，又要拐一个弯，所以就拐成这么一个大曲线。大家看这个线型很漂亮。"

中国是世界上建桥历史最早、桥梁种类最多的国家之一。在古老的中华大地上，山川纵横，河道交错。中国人认为，一方水土因桥而活。即使在偏远的山区，都有造桥的痕迹，都有就地取材、巧夺天工的桥梁。

【采访】苏权科

"中国人建桥的风格，除了硬邦邦的土木工程以外，它其实带很多艺术，包括心里一些寄托，所以每一座桥，中国人都会给它寄托很多文化的内涵。"

【字幕】2017 年 3 月 6 日上午 10 点，伶仃洋航道

外海深水沉管安放，不但是国内首次，在世界上也是最难的工程，没有先例。

【采访】林鸣

"我们没有教练，让我们承担了很大的压力，但是因为没有教练，我们就创造了很多的方法——我们自己的方法。"

他们攻克了多项世界级难题，成功地创造了外海沉管隧道滴水不漏的建设奇迹。

【采访】林鸣

"我们刚开始第一次干这个事，我就觉得是新手开车，我这个没有好好培训的司机，第一回上大街的这种感觉。现在已经是老司机了。"

林鸣和他的团队

在伶仃洋上修建这样一座规模浩大的世纪工程，堪称在桥梁建筑史上攀登珠穆朗玛峰。这对于珠三角两岸的人们将会产生怎样的影响呢？对比世界著名的纽约大湾区，也许我们已经找到了答案。

纽约市不但是美国的第一大港口城市，也是全球贸易和金融的中心。

纽约市被数条河流划分成不同的区域，包括水域在内只有 1200 平方公里，大约是中国香港和中国澳门加在一起的面积。

不过，全市分布着大大小小约 2000 座桥梁，让 850 万纽约人充分享受了纽约大湾区一体化的繁荣景象。

中国珠三角两岸的城市群，土地面积不足全国的 1%，却创造了全国 GDP 的 13%。

如今，湾区经济已成为国家战略，粤港澳大湾区将被打造成国际一流湾区和世界级城市群。

【采访】港珠澳大桥管理局行政总监 韦东庆

"我们粤港澳大湾区有超过 6000 万人，是中国市场经济最发达的地区，是中国走向国际化最早的地区，甚至是中国近代思想发源的地方。"

珠江三角洲地区贸易发达

但是，宽阔的伶仃洋阻碍了珠三角东西两岸的交往，桎梏了区域经济的进一步发展。

为此，两岸的人们一直有个梦想。

如今，横跨伶仃洋的港珠澳大桥将成为粤港澳大湾区实现梦想的里程碑之作。

【字幕】2017 年 3 月 6 日下午 14 点，伶仃洋航道

【同期声】船舱

"你看我现在船位是不是在中间。"

"你现在偏右一点点，这样就行了，这样就拖过去了。"

"拖1你要告诉他，对15度或者几度，肯定要告诉他这个事情。"

"你现在是30度，是在我中心线的30度。"

"那好，那我往左再30度。"

"后来我觉得你们那个船长厉害，那个几号，　11号，11号找感觉找得好，1号晃晃晃晃，11号可能就悄悄看了一会儿：'你这个家伙不行，我来。'"

　　"比我想的要好很多，所有的东西都看到了，过去只能读书读到，现在是全部都看到了，这个速度全部在我脑子里了，我一会儿回去写总结去。"

　　【采访】林鸣

　　"没有人在工程当中，用这个1：1的这种大模型，在海里面或者在水里面，测试过这个东西。我们今天是做了一个研究，很好！

林鸣正在指挥沉管拖运工作

沉管拖运

拖运沉管的拖船

将来我们国内还有一些工程要建设，我想也可以给它们提供一些借鉴。我们也可以拿到全世界去发表，大家都可以去使用。"

【字幕】福建漳州　沉管隧道防火试验基地

【同期声】

"各小组就位！"

"风速组就位！"

"数据采集组就位！"

"火源组就位！"

"请风速组采集风速数据。"

"3，2，1，点火！"

港珠澳大桥隧道火灾模拟测试

如果海底隧道突发火灾，怎么办？

这种灾难性事件的应急预案，国际上一直缺乏科学依据。

中国工程师们经过两年多的试验，将海底隧道灾难性事件的救援、逃生等问题形成了中国标准，获得国际认可。

【采访】重庆交通科研设计院有限公司首席专家 蒋树屏

"我认为很多的数据是首次获得的，有很多的科学发现，有很多的工程实用价值成果。"

重庆交通科研设计院有限公司首席专家 蒋树屏

港珠澳大桥护栏防撞性能测试

港珠澳大桥护栏防撞性能测试

【字幕】北京　实车碰撞试验场

　　大桥运行，安全第一。为此，工程人员设置了一套模拟装置，测试大桥护栏能否经得住各类汽车时速超过 100 公里的冲撞。

　　如今，桥梁工程的技术潮流仍旧由西方引领吗？其实，这一领域的国际格局早已发生改变。

　　【采访】孟凡超

　　"（20 世纪）六七十年代以前，世界桥梁建设和技术的重心在哪里？在欧美。20 世纪六七十年代以后，到 21 世纪初这一段时间，世界桥梁建设和技术的重心在哪里？日本。日本在它（20 世纪）70

年代经济起飞以后，建了相当大量的一批世界级的跨海大桥和隧道工程。那么到了 21 世纪初，到今天来说，可以说世界桥梁建设的重心和技术的重心在哪里？在中国。"

【字幕】2017 年 3 月 6 日晚上 22 点 30 分，E30 沉管施工海域

【同期声】甲板上
"1，2，3，我要安全！我要安全！我要安全！"

8 万吨的沉管，12 公里的海上距离，在 6 万匹马力的拖动下，经过 15 个小时的浮运，E30 终于到达下沉位置。

【采访】林鸣
"沉放前我们有很多的对接用的设施，要把它安装好，调试好，在做这样一个工作。我们没有两班人，我们就一班人员，一班人员

沉管安装工作人员安全作业动员

连续奋战的工作人员工作间隙仅以简单的食物充饥

就要从头干到尾。连续的工作，疲劳，这可能也是我们这个阶段的挑战。我们第一次是 96 小时，96 个小时，第一次，人生最长的一次，五天四夜没睡觉。"

中国的工程建筑史，就是一部攻坚克难、战胜挑战的历史。

工作人员正在吃"工作餐"——面包片和火腿肠

20世纪60年代，河南林县人民为战胜干旱，苦战十个春秋，仅仅靠着一锤一锨两只手，硬是在太行山悬崖峭壁上开凿出一条全长70多公里的红旗渠，结束了十年九旱、水贵如油的苦难历史。

　　同样是在太行深处的郭亮村，全村300多人，长年生活在绝壁山崖上。为了走出大山，20世纪70年代，凭借最原始的工具，坚持

林县人民艰苦奋战，开凿红旗渠

6年，挖山不止，硬是在悬崖绝壁上一锤一锤凿出一条全长1300米的石洞——郭亮洞。

中国的历史，从来就不缺乏战天斗地的英雄。

工程师老王是一位资深摄影发烧友。

在太行山崖壁上凿出的郭亮洞

工程师摄影发烧友王超英

【采访】中铁山桥（集团）南方公司工程师 王超英

"在港珠澳大桥这个钢箱梁的建设过程中，确实有一家人投入到这里面，这家我管他们叫'冯氏三代人'，中间这两个人是老两口，三代人为港珠澳大桥做贡献。他们心里特别高兴，他们就是干港珠澳大桥的，他们有一种自豪感，他们也知道这种责任。"

"还有一组（照片）我把它叫'燕子夫妻'，老婆跟着老公学，老公后来变成徒弟了，燕子变成师傅了。这一个梁段，整个都是他们两个在焊接，而且燕子焊完的活儿，免探伤，一次性合格，一次性过。"

"这对夫妻，总是带着那种微笑，其实他（们）这种微笑是发自内心的，这种笑容摆拍摆不出来。"

"能够参与港珠澳大桥建设的这些人，他们那种自豪感就是发自内心。包括我也一样。"

冯氏三代人

燕子夫妻

港珠澳大桥建设者的灿烂笑容

港珠澳大桥建设者对自己的工作深感骄傲和自豪

对于港珠澳大桥，有的人更愿意细细品味它陪伴自己走过的时光。

【采访】港珠澳大桥岛隧工程员工 钟健荣

"自己的职业的第一个项目，而且是这么大的项目。来到这里，然后留下自己最美好的回忆，是很棒的，很棒的感觉。"

"香港、澳门跟我们大陆分开了一段时间，有这座桥做联系的话，我相信我们肯定会越来越好。"

在港珠澳大桥最高的主塔上，耸立着一个造型优美的"中国结"。它寓意着中国人面向世界的胸怀和同心永结的心愿。

【采访】钟健荣的工友

"这个岛，包括这一段桥，本身也是我们亲身经历来建设。"

"当时确实也挺激动的，也是我们人生最重要的一个日子。"

"他五年了，我两年多。"

"在我们的心目中，我们每个人都有两个情人，一个是自己的爱人，一个就是这个项目。"

港珠澳大桥建设者钟健荣（前排右）在工友的陪伴下在大桥上拍婚纱照

【字幕】2017 年 3 月 7 日凌晨 3 点，E30 沉管隧道施工海域

【同期声】
"人员到位没有？"
"到位了，全到位了。"
"各位，第 33 节的沉放，大家要打足精神。"

在 40 米深的海面以下，一条海底巨龙正在静静等候。

【同期声】
"10 分钟以后开始下沉，各就各位！"

一个 8 万吨的庞然大物，即将沉入海底。

【字幕】凌晨 3 点 40 分

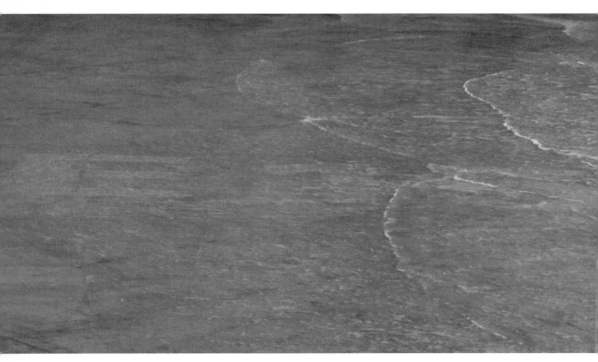

E15 管节

【同期声】指挥室

"操作一定要小心!"

"大车注意船的吃水变化。"

"现在总共下放了 3 米。"

"下完之后稍微再评估一下。"

"争取一次铺完。"

"下放了 4 米。"

"现在总共下放了 4 米。"

这是世界上最难的海底隧道沉管工程，即使你万分小心，也难免出现意外。两年前，在安装E15节沉管时，因为基槽突发泥沙回淤，林鸣团队曾遭遇了两次失败的困境。

【字幕】两年前　E15安装现场

2015年2月24日，大年初六，E15管节在遭遇第一次失败之后，经过三个月的精心准备，再次出征。

【同期声】
"东端到这边大概72米到75米之间，发现了大片的异常淤积的情况。"

然而这次，老天还是不肯帮忙，海底基槽再次出现大面积泥沙回淤，看到潜水员打捞上来的满满一箱淤泥，所有人都惊呆了。

基槽回淤是指即将安放沉管的沟槽发生了泥沙沉积的现象。而这一次的淤积物，最高厚度达到60厘米，严重影响了沉管的平稳安装。

【同期声】林鸣
"现在我让那个船队速度已经降下来了。"
"我们这个船队，可能要回撤。"
"对手太强大了，面对大海，面对这个大自然，面对多少亿年的这样一个规则的事物，我们这个短暂的时间能认识多少呢？我认为我们能够做到这样已经是不错了。"

林鸣团队被迫拖着8万吨的沉管，再次返航。

一个月之后，E15沉管第三次出海。

E15 管节第二次安装失败，工作人员倍感悲伤

【字幕】2015 年 3 月 24 日

【同期声】
"E15 管节第三次浮运安装各项工作准备就绪，请您指示。"
"开始！"

经过 50 多个小时的奋战，当 40 多米深的海底传来成功的消息时，现场却没有掌声。

所有的人都静静无言。

返航途中，高度紧张和疲惫的工程师们用这种方式释放着压力。

他们知道，距离成功还有很长的路要走。

【字幕】2017 年 3 月 7 日 凌晨 4 点 40 分

林鸣在休息

疲惫的工作人员在休息

【同期声】

"现在总共下放了 5 米。"

"……收到。"

"……收到。"

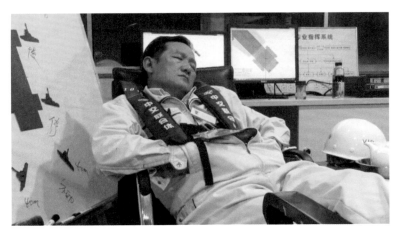

疲惫的工作人员在休息

【同期声】

"各系统观测一次。"

"报告，沉管下放 10 米。"

8 万吨的庞然大物要在水下 40 多米深处完成对接，精度要求在两到三厘米之内，其难度可想而知，工程师们将此形象地比喻为——深海之吻。

【同期声】

"沉管已到达指定位置。"

"下放结束。"

"潜水员在下面吗？"

"在在在，已经去看了。"

潜水员需要下潜到安装地点，在几处特别的位置测量数据，并将结果上传到控制仓内。

"潜水员到达沉降面。"

"往北方向，沿着止水带，检查止水带。"

质检小组有多项内容需要评估，包括新安装的管节是否达到设计要求以及防止漏水的止水带是否工作正常。

【同期声】沉管安装船

"浮运、系泊、沉放、对接等施工，现已顺利完成水力压接，测控系统显示，管节安装精度满足设计要求，至此岛隧工程33节沉管，已经全部完成安装作业，特此报告，等候指示。"

"好！"

3月7日上午9点，经过近26个小时的拼搏，港珠澳大桥最后一节沉管E30成功对接，中国工程师完成了一个人类壮举。

6.7公里的深海沉管隧道，实现了历史性的海底跨越。

【采访】林鸣

"我其实早就感觉不仅仅是一座桥了，就是我们这些，我们这个团队，都投入了，有些都十多年了，有的从30多岁到40多岁，有的从20多岁到30多岁，我觉得应该是和他的人生、和我们的人生分不开的一个事业。"

【同期声】

"辛苦，辛苦啊，大家，感谢感谢！"

潮起潮落的伶仃洋，曾因一句"零丁洋里叹零丁"，而让中国人所熟知。

如今，世界最长的跨海大桥，横跨伶仃洋。历史深处的一声叹息，化作了海天之间的一道飞虹。它像一条腾飞的巨龙，将中国人的信

最后一节沉管安装完成，工作人员在听取汇报

心和梦想点燃。

【同期声】

"大桥是我干的。"

"这桥是我做的。"

"对我来讲，一个空前绝后的一个机遇吧。"

"建大桥，我自豪。"

"一座桥，一辈子，有你们真好。"

"我们看着大桥从无到有，就像我们自己的孩子。"

"大桥你好！"

"自己最感到骄傲的，就是港珠澳大桥。"

"大桥是我建的。"

"祝愿大桥永远平安。"

"十四年的努力吧，终于有了价值。十四年的奋斗，终于有了结果吧。"

《港珠澳大桥》：
大国工程与纪录片的珠联璧合

港珠澳大桥的"中国结"桥塔

上篇

起：当纪录片人遇到大国工程

2018年1月，第十二届中国纪录片国际选片会在河北正定举行。大型纪录片《港珠澳大桥》从700多部参选作品中脱颖而出，当之无愧地获得年度"十大纪录片"的荣誉。

颁奖词是："它超级记录了一个最大、如长空彩虹、如宇宙星空、令人浮想联翩、让人神思万里的世纪奇迹，它用国际语言向世界阐释了中国故事，从国际视角向世界宣示了中国创造，用中国形象向世界展现了中国精神，让中国声音向世界唱响了中国旋律！"

港珠澳大桥，是世界上最长的跨海大桥，东接香港特别行政区，西接广东省（珠海市）和澳门特别行政区，全长55公里，主体工程集"桥－岛－隧"于一体，包括22.9公里的钢结构桥梁，6.7公里、建设在海平面以下40米深处的、世界最长的沉管隧道，以及连接隧道和桥梁的东西人工岛，设计使用寿命长达120年。建成后的港珠澳大桥，将成为世界上最长的跨海大桥，中国新的地标性建筑之一，被誉为桥梁界的"珠穆朗玛峰"，英国《卫报》

称之为"现代世界七大奇迹"之一。

　　港珠澳大桥，是中国"一国两制"下三地紧密联系的象征，也是一张"联通世界"的中国名片。纪录片《港珠澳大桥》由中央电视台科教频道、港珠澳大桥管理局、Discovery探索频道、广东广播电视台、珠海广播电视台五方联合摄制。这也是 Discovery 探索频道首次在纪录片创作上与央视实现深度合作。

　　众所周知，Discovery 是世界知名的电视品牌，在全球拥有 30 亿累计观众，遍布超过 220 个国家和地区。纪录片《港珠澳大桥》实现在央视和 Discovery 探索频道海内外同版播出，可以说搭起了中外交流的沟通之桥。

　　总导演闫东表示，希望通过这部"用国际表达讲好中国故事"的纪录片，让更多的外国观众了解中国、理解中国、喜欢中国。那么，是什么促成了这次中外优秀纪录片人的联手？国际团队又是如何精诚合作，共同完成拍摄的？

初识大桥——惊喜又充满未知

"纪录片《港珠澳大桥》策划、拍摄的一年半以来，这已经是我第8次来到珠海。"2017年6月27日，电视纪录片《港珠澳大桥》即将隆重登陆央视之际，总导演闫东在该片的新闻发布会暨首映式上如是说。

闫东（右）在纪录片《港珠澳大桥》首映式上

让时间回溯到2015年12月，在中国（广州）国际纪录片节这一纪录片年度盛会上，闫东意外收到了他的老同学、时任珠海广播电视台台长郭琳的邀请，想要和他一起讨论一个"很棒的选题"——港珠澳大桥。

在珠海的一个小岛上，闫东"闭关"看完了珠海广播电视台多年来拍摄的所有有关港珠澳大桥的视频资料。"紧接着，我请他们安排我看了整整一天的大桥。"尽管那时候看到的大桥还只是在建的局部，却仍然给闫东留下了深刻印象。"宏大、雄伟，在海上看尤其震撼。听了工程师、专家们讲述建桥的故事、海底沉管的安放……更加震撼。真正想做这样一个片子，又惊喜，又感觉充满未知。"

从《大鲁艺》《国脉》《孔子》到《1937 南京记忆》《东方主战场》《长征》……闫东对文化类、历史类大型纪录片的驾驭能力，已经经由许多出色作品得到证明，然而，以大国工程为主要表现对象的作品，在他的纪录片履历中却十分鲜见。闫东也坦言，这是他介入的首个当下的、开放式的选题，对他来说算是"零的突破"，"要拍好，非常不容易，而且首先要做足够的功课"。

多方集结——大桥的伟大，把我们吸引到一块儿

2016 年 11 月，闫东带领纪录片《港珠澳大桥》的核心主创首次赴珠海调研。在位于中山的集料工厂车间，闫东惊讶地看到，"这里最细小的石头颗粒，比女士磨砂洗面奶里的颗粒还要细……我们看到的庞然大物的大桥，就是用这么细小的东西拼出来的，这种极致的细节，简直就是艺术！"

在闫东看来，不仅一线的导演、摄像，就连后期工种的主要负责人，只要有可能，也都应该亲临建设现场，亲眼看看大桥。"亲眼看看，会对大桥更有感情。喜欢才会有激情，没有爱，干的也就是一行活儿，不是创作。"

"像港珠澳大桥这样的建筑奇观，总是让人内心由衷震撼！"探索频道亚太区制作与开发副总裁魏克然（Vikram Channa）在参观完港珠澳大桥后感慨，"港珠澳大桥不仅是一个好故事，一个超级工程，它还是一个世纪工程。每个时代、每个世纪都有自己的建设者，在 21 世纪，伟大的建设者和造梦者就是中国人！"

外籍导演 Kenny PNG 说："探索频道刚开始找我来，我其实是拒绝的。我导过很多工程纪录片，说实话，对工程的故事我已经没有什么兴趣了。但是老魏（魏克然）一直对我说，来看一看，或许你就会改变主意了。"最初吸引 Kenny 的，是大桥的美。"我走过世界各地的很多大桥，但是港珠澳大桥给我的感觉完全不一样。我第一眼看见的，是一张大桥的航拍照片，它就像中国古画中的巨

龙一样，卧在碧波之中，它的一部分身体隐藏在海里，那是6.7公里的沉管隧道。我们乘坐车子走在桥上，感觉它的弯，它的起伏都是那么舒服。就好像中国明代的家具，简单的线条里，能感受到整个朝代的威仪。"

珠海广播电视台的李凯是团队里跟踪拍摄港珠澳大桥最久的导演。从大桥成功打下第一桩开始，八九年过去，眼看着从无到有，一桥飞架横跨伶仃洋，让李凯由衷感叹："这些造桥的人真是了不起！"

探索频道中国区发行总监白丽说："是大桥的伟大，把我们吸引到了一块儿。"

强强联手——不仅是中国主旋律，也是世界主旋律

调研期间，闫东带领创作团队拜访了大桥各个环节的建设者，真诚地请他们分享与大桥之间的故事。当听到一位女工程师讲述与外国团队合作的经历时，闫东感慨："你们造大桥和我们做片子很像，我们都是在做中国故事国际表达的探索和实践。"

近几年，闫东一直孜孜不倦致力于中国电视纪录片走向世界，从《1937南京记忆》《东方主战场》及其国际版《改变世界的战争》，到《孔子》《长征》，为"讲好中国故事"做出了有益探索和成功实践，在此基础上，闫东对"主旋律纪录片"也有了独到的理解和感悟。

"2015年9月28日，国家主席习近平在纪念联合国成立70周年大会上发表了题为《携手构建合作共赢新伙伴 同心打造人类命运共同体》的讲话，这是他首次对'人类命运共同体'的概念进行详细阐释，这对我的创作启发很大。在十九大报告中，他再次提出，要推动构建人类命运共同体，建设相互尊重、公平正义、合作共赢的新型国际关系。"闫东说。

港珠澳大桥日落景色

2018 年 1 月 6 日，闫东在河北正定举行的第十二届中国纪录片国际选片会上，受邀做了题为《从中国"主旋律"走向世界"主旋律"》的主旨演讲。他说："主旋律纪录片已不再是传统意义上的重大历史、革命题材纪录片，而是体现'人类命运共同体'理念的纪录片，这不仅是中国主旋律，也是世界主旋律。"他参与创作的纪录片，"每一部都是从更深层次上去挖掘人类共同的利益、责任和愿望，通过'中国故事'为国内外观众呈现人类共同的价值和理想"。

　　从接触港珠澳大桥选题伊始，闫东就凭借自己的职业敏感意识到，这正是一个绝佳的体现"人类命运共同体"理念的题材。"大桥先天就带有国际化属性"，工程本身就是世界语言，当下的故事，也能够让外国观众看到一个行进中的中国。"港珠澳大桥的建设本身就有许多国家的专家参与进来，一桥飞架三地，将连接起世界上最具活力的经济区，三地融合将不断加深，形成一个跨越 50 公里海面的特大都市圈——粤港澳大湾区，这必将聚拢世界目光。"

　　闫东开始在世界范围内寻找合作伙伴，他希望牵手世界顶尖的纪录片制作者，共同来打造这一大国工程的"超级大片"。BBC 首先表现出对这个选题的浓厚兴趣，但因为在时间上无法对接，双方只能握手惜别。很快，Discovery 探索频道也向闫东抛来了橄榄枝，这一次，双方一拍即合。

　　Discovery 探索频道一直致力于打造高品质的纪实节目，它是全球最大的纪录片制作者及买家，吸引了全球最优秀的纪录片制作人，探索频道的节目也被看作是世界上最优秀的纪实娱乐节目。

　　探索频道亚太区制作与开发副总裁魏克然对港珠澳大桥项目的合作充满兴趣和信心："港珠澳大桥是目前世界上最长的跨海大桥，而满足人类的好奇心是探索频道的使命。所以，我们非常好奇并迫切地想了解，中国的建筑工人和工程师们是如何完成这一惊人壮举的。"

　　这是一次"强强联手"，在老魏看来，和央视的这次深度合作"对探索频道而言是非常重要的"，"我们也希望港珠澳大桥项目是我们和央视还有闫先生之间深度合作的开始，将来还能有更多合作的机会。"

深入沟通——做出杰出贡献的是每天的晚餐会

因为要在国内外同版播出，最关键的就是中外双方的思想和创作理念要保持一致。尽管闫东一开始就把片子的播出时间预定在2017年"七一"前后——因为这是港珠澳大桥主体工程建设即将收官和喜迎香港回归20周年的重要时刻，而团队开始组建时，距离"七一"满打满算也只剩下9个月。时间紧张，早一点开机，素材量就会丰富一些，但是闫东仍然花了近4个月时间来调研、充电以及进行团队磨合。

"运作周期确实不宽裕，但越不宽裕前期的反复磨合就越重要。"电话、视频连线、面对面讨论……抓住一切可以沟通的机会进行广泛深入的沟通，所有共识都能成为合作的基础。"老魏对中国国情十分了解，他也是一个非常有经验的职业策划人，我们俩交流起来非常融洽，还经常'心有灵犀'。Kenny是华裔新加坡人，血液里天然带着沟通感，同时受西方教育长大，年轻、聪明，对中国充满兴趣。"

尽管有时候语言上不能实现直接沟通，但在老魏眼里，"这并不是问题，我们双方都努力去理解对方的想法和观点。"老魏幽默地说，"为合作做出杰出贡献的是每天的晚餐会。晚上收工后，我们会一起共进晚餐。这样我们可以有更多的机会交流对纪录片内容编辑和方向上的独特见解。每当我们的想法产生碰撞，擦出奇妙的火花，我们就开始真正深入地了解彼此的文化了。当然，中国的美食也给我们提供了强大的能量来源，帮助大家轻松克服挑战。这样珍贵的回忆我们永生难忘。"

纪录片《港珠澳大桥》创作讨论会

国际合作——全身心的智慧的融合

　　如今，闫东团队已经成为纪录片国际合作领域的一块"金字招牌"，他的很多作品成为中国纪录片走向世界的经典范例。很多人问过闫东，为什么能和外国团队合作默契。"两个字：耐心。观念上'和而不同'，所有事情都落实在细节上。"出去调研，到了集合时间，闫东一定会早早站在车旁。"让外国朋友知道，第一，我尊重你们，我们来共同做一件事情。第二，中国人做事情也都是非常严谨的。我们都有梦想，有干劲儿，都有职业精神。说到做到，有困难，敢于承担。"

　　闫东的开放和包容让白丽印象深刻："他的观点和观念，从未局限在某种模式或套路之中。"Kenny 则坦言："闫导看东西不是平面的，他知道自己的定位和目标，但他的思维也可以很开放，手法可以很灵活。跟他合作你会觉得，哎，他给你的创作空间还蛮大的。"

在闫东看来，在完成"全身心的智慧的融合"之后，团队就是一个整体。"没有说这是中方的意见，这是外方的意见，最后拿出来的都是团队的意见。"他对每一个团队成员都表现出充分的信任，因此他可以放手让 Kenny 去挖掘他想要表达的故事，选择他进入故事的角度。

让导演李凯印象深刻的是："Kenny 第一稿的大纲就让我眼前一亮。不仅是粤港澳三地，他一下跳到美国，一下跳到孟加拉国，一下又跳到文莱……放眼全球来讨论一个工程，视野特别开阔。"

港珠澳大桥需要穿过中华白海豚国家级自然保护区，对白海豚的保护是纪录片不容错过的话题。讨论大纲的时候，Kenny 提出，要把这一话题放到上集靠前比较重要的位置。有人疑惑，港珠澳大桥有这么多"世界第一"，这么多技术突破，为什么要先讲白海豚保护？Kenny 说，西方观众会比较关注环保的话题。

闫东支持 Kenny 的想法，在他看来，中国制造的丰富内涵，不仅指工程本身的技术硬标准，更包括了可持续发展的生态文明建设理念。"不是外方导演说了，我才决定这么用，近些年中国人的环保意识日益增强，对可持续发展的重视是我们共同的认知。"

最后成片之中，从港珠澳大桥建设如何采取环保措施把对白海豚自然保护区可能造成的影响降到最低，到建设文莱淡布伦跨海大桥时对拉布自然保护区的施工保护，中国制造所遵循的人与自然和谐相处的可持续发展理念得到最充分而生动的展现，进而回答了为什么中国制造能够走出国门、走向世界的重要问题。

港珠澳大桥（局部）

承：大桥故事，也是中国故事

　　2017 年春节后，纪录片《港珠澳大桥》正式开机。在一直以来的讨论中，中外双方都认同一个观点，就是要让这部片子能够立得住，有生命力，而不是把它仅仅做成一个超级工程的纪录片。闫东清楚地记得，2015 年 12 月，当他在珠海的小岛上"闭关"看素材时，"可能是因为刚参加完多个活动，太累了，看到一半我睡着了。但这也可能是最直观的感受，科技的东西实在是太深奥，也太枯燥了。"

　　如何将这样刚性的题材，巧妙地转化为柔性的表达，春风细雨般润物无声地浸入观众心里，这是闫东他们接下来要面对的挑战。对把握工程题材很有经验的探索频道的介入，又会带来什么样的助力呢？

解读大桥——这些人物故事合起来，是大桥的故事，也是中国故事

在纪录片《港珠澳大桥》的收官阶段，闫东做了一个统计："纯粹讲述大桥内容的，占近七成，思维跳跃出去，讲述大桥相关甚至表面看与大桥无关内容的，占近三成。我想试试分出近三成的笔墨，以另外的方式解读大桥，会不会把大桥的故事讲得更好。"

"这一二十年，对美国人或欧洲人来说，中国人干出多少惊天动地的大事，他们都不会再感到奇怪了。我们更关注的是，在这超级工程背后的人是什么样子的。"Kenny说，"我和西方朋友聊起中国人，经常会对他们说，嘿，中国人不是你们想的那个样子。为什么会有偏见？是因为了解得不够。我想告诉西方朋友，大桥背后这些工程师和工人们，也和你们一样，有个性，有梦想，有血有肉，有思想。"

"可以这么说，是探索频道用戏剧化的叙事方式，让工程类纪录片在全世界流行起来，并让全世界观众喜爱。"这让老魏感到很自豪。在纪录片《港珠澳大桥》里，探索频道的这种优势被嫁接进来。

Kenny说，"如果是单纯的工程片，开篇5分钟，看到的都会是大镜头。但是在上集，简单介绍大桥之后，首先听到的却是景强的声音，他说'前人没有这样做过'。我们还有一个非常可爱的镜头，是一对小夫妻在桥上拍婚纱照，一件很小的事，但我觉得这个镜头非常重要，这说明他们对桥有感情，桥对他们来说不止是一项工作。"

生活化消解了陌生感，浸润了人文色彩的钢桥，也有了温度。闫东说，看过片子，你记住的可能是景强的故事，是林鸣的故事，是温华的故事，是孙洪春的故事，但是这些故事合起来，就是大桥的故事，也是中国故事。纪录片力图去破解这样一个谜团：中国人，怎么就能建成世界最长的跨海大桥？闫东说："桥的背后，是整个民族的创新能力，是整个国家的综合国力。"

老魏也认同，港珠澳大桥的故事不是普通的桥梁故事。"它代表着中国人40年来在解决本国基础设施建设问题上惊人的进取心。勇敢的中国工人和工程师们，几乎奉献了一生的青春年华使大桥成为现实。纪录片将着力展现这种进取精神。"

桥，历来承载着天堑变通途的使命，被港珠澳大桥联系起来的，不仅是人群和地域，还有中国的昨天、今天和明天。港珠澳大桥呈现了通向"中国梦"的最新最美的道路。闫东说："希望通过这部作品，让外国朋友了解中国、理解中国。"

扎根文化——扎根中华文化，才能更懂中国

刚入行的时候，闫东曾经对中国桥产生过浓厚兴趣，他还想过拍一部有关桥的纪录片，甚至"请朋友帮忙联系过著名桥梁专家茅以升，可遗憾无缘得见"。闫东的创作一直扎根中华文化，比如他坚持12年，锲而不舍地做文化遗产保护题材的《中国记忆》，对文化底蕴的坚守，也让他能更从容地从文化土壤中抽丝剥茧，追根溯源。

在闫东的处女作《中国民居》里，他就曾拍过桥，风雨桥，是村寨集落的中心。"桥是中国文化里很重要的内容"，闫东说，古代先人造过很多美丽的桥，里面融入了中华民族的聪明智慧、挑战精神和浪漫情怀，没有这些文化积累，就没有今天的港珠澳大桥。

从中国文化的角度来解读港珠澳大桥，也是Kenny的兴趣。近10年来，Kenny的作品关注对象一直是中国，他拍过美国国家地理的《鸟瞰中国》，拍过美国历史频道有关曹操墓、南越王墓的纪录片，以及探索频道一系列有关中国的作品。采访拍摄的时候，他会有意识地和采访对象聊起中国的文化。在他看来，从中国古老文化的思维印迹去发掘，"西方人才能了解，中国人为什么会这样子说话，这样子做事。比如片中说到'港珠澳大桥是珠联璧合的文化'，是'用银线串起一串珍珠'。桥为什么要建出弯？有许多实用性的解答，比如船驶过时要与那片水域的水流垂直，比如长时间开车不会闷不会累，但是中国人会在这上面赋予很多文化艺术和情感寄托的东西，这就是中国性格"。

Kenny说，他选择故事的标准，是"能够更多地帮助了解中国

人的思想和思维"。

创作伊始——联通世界，我们也是桥

2017 年 1 月 31 日，农历大年初四，春节假期尚未结束，闫东就带领创作团队紧锣密鼓地投入创作讨论。窗外是节日的喜庆热闹，窗内的气氛却是严肃而凝重的。

"思路曾一度走入困境，"导演李凯回忆，"大家重新梳理线索，突然想到，最早中国人为什么要修桥？听说云南有两个村子，中间有一条河，却不好架桥，人们就在村口种两棵树，想办法让它们往一块儿长，长了几十年，连上了，就成了桥。"由此，原本朦胧的感觉凝结出一条清晰的线索，串起一连串思考。

沟通，是桥之所以存在最原始的意义，如今这种沟通又被注入了更丰富的内涵。这里是伶仃洋，但"零丁洋里叹零丁"的情景早已不复见，如今这里是世界上最繁忙的航道之一，港珠澳大桥将连通世界上最活跃的经济区，改变着许多人的生活。经由港珠澳大桥建立的"中国标准"，也让中国企业在国际上越来越有竞争力。

"片中我们引用了港珠澳大桥管理局总工程师苏权科的话，'我们建的是 link，是连接。'"闫东说。港珠澳大桥，是一张"联通世界"

《港珠澳大桥》纪录片创作讨论会

的中国名片。

事实上，纪录片《港珠澳大桥》，也是另一种意义的桥。"我爷爷的爷爷，是中国人，姓彭，祖籍徐州，后来到了汕头，做木材生意，我母亲的家族姓李，清末民初的时候为躲避战乱，到了南洋。"Kenny 一直努力用作品表达他对中国历史、中国文化的理解，在他看来，中国这么大，需要慢慢挖掘，慢慢了解。"通过我们拍的片子，让西方朋友更多地了解中国，这是我们的梦想。我觉得，我们也是桥。"

精诚合作——所有可能产生的矛盾点，最后都变成了愉快点

尽管 Kenny 的中文非常好，但从大纲到脚本，每一稿闫东还是让 Kenny 先用英文写作，然后再翻译成中文。在闫东看来，一些中国作品在西方有接受障碍，不是中国导演的英文表达不纯熟，而是思维习惯的差异。"语言是思维的外化，用他最熟悉的语言，才能写出最易于被西方观众看懂、接受的故事。"

拍摄沉管安放时，Kenny 带领外

摄制组人员正在拍摄港珠澳大桥

国摄制组对岛隧工程项目总工程师林鸣和他的团队跟踪拍摄 30 多小时。"在国外这可是'违反常规'的,"Kenny 幽默地说,"遇到这种情况通常我们会有两队人,一队拍完 12 到 14 个小时就换另一队,但这次情况特殊,船队出海后就不会回港,我问我的伙伴,你们愿不愿意去,他们说没问题。辛苦不是问题,他们都是'老将'。最重要的是,像林鸣、苏总、景强、温华,他们的故事值得说。"

作为总导演,闫东承受的压力不小,但他仍然经常鼓励大家,要"相信团队的力量,所有问题都能解决"。因为外国摄制组不方便频繁往返,中国摄制组一力担下耗时长、跑路多的拍摄。

珠海天气变幻莫测,片中"美哭了"的大桥日出,是导演李凯和张艺宰带着中国摄制组熬了好几个晚上拍到的。"桥边有几个小荒岛,在那里拍大桥特别漂亮,就租了一艘船把我们送过去,然后船走了,我们在那儿待了一晚上。机器拍延时,人铺了垫子坐下来喘口气,没想到小岛看着平,其实是斜坡,一点点差点没滑进海里去。"如今,李凯把这段经历当成一件趣事说起,但拍摄的艰辛和危险,只有他们自己知道。

拍摄白海豚最难,李凯去过几次都扑了空。不料由于一次租船的经历,李凯意外结识了船老大阿强,他可谓"找海豚最强向导"。"虽然没有理论知识,但经验绝对丰富。出海拍摄一次花销不菲,我问他,究竟有多大把握,他说九成。带我们去了两次,次次都拍到了白海豚。"

老魏说,因为把片子做好的共同目标,因为精诚合作的精神,最终双方总能找到融合的方式。闫东说,有了前期扎实深入的融合,所有可能产生的"矛盾点",最后都变成了"愉快点"。

精编冲刺——创作必须疯狂

2017 年 5 月,闫东带领创作团队进驻五棵松影视之家,开始最后的精编冲刺。但他强调,只要节目还在生产,就不停机,有好镜头随时拍,找到好素材随时加进来。

闫东经常挂在嘴边的一句话是："创作必须疯狂。"在白丽印象里，闫东"经常工作到凌晨一两点，6点多就又开始工作了，感觉他晚上都不用睡觉似的，而且始终保持精力充沛"。不仅如此，在运作《港珠澳大桥》期间，他还同时运作着清明特别节目《战地黄花》、文化遗产日特别节目《中国记忆》以及纪录片《长征》国际版。

　　如何驾驭如此高强度的工作模式？尽管闫东承认，他每天睡五六个小时就可以"充电完毕"，但他也表示，"熬夜是最笨的"，方法才是高效工作的有力保障。比如他从立项开始就精算出以天为单位的严谨工作计划，当天的问题必须当天落实；比如所有"在路上"的时间都被有效利用，坐车或者坐船的时候开会是家常便饭，比如在前往桂山岛考察的途中，他在船上就开起了创作讨论会；一轮轮的看片会，他让每一个参与者分享自己的观后感，包括音乐、配音、翻译等后期人员，因为他们就是片子的第一批忠实观众。作为团队的"领跑者"，闫东的干劲也带动了整个团队的高效运转。李凯说："开始还以为跟不上他的节奏，结果一路跟着跑，也跑下来了。"

纪录片创作人员在船上开工作会

港珠澳大桥的“中国结”桥塔

下篇

转：从电视纪录片到纪录电影

　　2017 年 6 月 30 日和 7 月 1 日，电视纪录片《港珠澳大桥》在央视科教频道、综合频道和中国国际电视台（CGTN）先后播出，同时在全媒体渠道分发传播，累计吸引近 6000 万不重复电视观众收看。截至 7 月 2 日，纪录片《港珠澳大桥》在央视网各终端覆盖人数近 4.5 亿，全网点播次数超 3754 万次。一周内"港珠澳大桥"百度搜索指数环比上涨 141%，移动环比上涨 203%，海外社交平台总浏览量近 122 万。可以说，纪录片《港珠澳大桥》的播出带动了新一轮的"大桥热"。不过"大桥"的讨论热度尚未消散，创作团队却已经重新整装出发，因为新一轮的攻坚战又要打响了。

盛誉之外——我们要下功夫完成一部能够进入院线的纪录电影

随着电视纪录片《港珠澳大桥》的播出，广大网友赞叹不已，纷纷留言。

"这不是一部普通意义上的纪录片，而是借助港珠澳大桥超级工程，弘扬中华民族丰功伟绩、强化我国道路自信、壮我神州、扬我国威、激发社会正能量的片子。"

"看得泪流满面，祖国的迅速发展离不开这些披星戴月、废寝忘食的中国人。"

"中国人太有智慧、太肯吃苦、太牛了！"

"大桥的设计师和工程师们遇山开路遇水架桥的样子太迷人了。"

"从 80 年代就开始各种前期工作，凝聚几代人的力量，着实令人感动。"

"伟大的工程，伟大的工匠！"

《光明日报》《文艺报》《南方都市报》《珠江晚报》等多家媒体刊发大篇幅报道，对该片播出给予热切关注，各界专家也对该片予以高度评价，认为纪录片《港珠澳大桥》在香港回归 20 周年和港珠澳大桥即将实现全面贯通的重要时点上，透过对大桥工程的呈现和解读，突出"中国制造"和"技术创新"的主题，用生动的视觉形象和新颖的观察视角，有力彰显了"一带一路"背景下"一国两制"的制度自信和丰硕成果。

《文艺报》题为《电视纪录片〈港珠澳大桥〉"世纪工程"的礼赞》的文章这样写道，《港珠澳大桥》"巧妙实现了国家战略与价值观输出的珠联璧合，兼备政治意义、社会意义和国际传播意义……不仅向世人展示了中国人在这一领域非凡的聪明才智和过人能力，更从政治的高度印证了领导这一世纪工程的伟大的中国共产党和具有强大组织领导能力的中国各级政府令人惊异的能量，节目全篇并没有对党和政府的直接讴歌与赞美之辞，完全是靠记录与展示工程本身的建设、组织、运作和实施，但却让我们深深感受到对于中国共产党和中国政府无与伦比的情怀与力量的高度认同"。

中宣部新闻局第 255 期《新闻阅评》刊文认为，该片点燃了观众的爱国热情，"为纪念香港回归 20 周年活动添加了浓墨重彩的一笔"。

然而，面对电视纪录片取得的巨大成功，总导演闫东却表现得非常冷静，因为他还憋着一个大招儿。早在电视纪录片策划之初，闫东就要求所有素材均按照电影的标准 4K 拍摄。"如果有百分之一的希望，我们也要下功夫完成一部能够进入院线的纪录电影。"闫东笑道，"进入院线实际上就是市场化、商业化运作，什么样的境遇都会遇到，但是我不怕，我愿意接受这个挑战。"

《港珠澳大桥》荣获"2017 年度中国最具影响力十大纪录片"称号，图为导演闫东（右）在颁奖仪式上

零的突破——卢米埃奖与 3D 电影《国脉》

一部真正进入院线的大电影？！闫东的同行、朋友纷纷"点赞"他的勇气。闫东明白，在这些"竖大拇指"的背后，许多人还抱持着怀疑，认为他正在做一件注定要"扑街"的事。在中国电影市场，纪录电影一直是"小众文化"的代名词，进入院线也往往处境尴尬，很容易在热门故事片、大制作的狙击下遭受冷落。

面对这些质疑的目光，闫东但笑不语。在他的书桌上，摆着一座精致的奖杯，这是国际 3D 与高级影像协会颁发的国际 3D 电视纪录片类杰出成就奖——国际卢米埃奖。它来自 2012 年一个同样面对未知领域的大胆挑战——中央电视台首部 3D 电影《国脉》。

这是在中国国家博物馆建馆百年纪念之际，央视和国博联合推出的 6 集电视纪录片《国脉》的基础上制作而成的。"做完 6 集电视纪录片，我和台里请战，能不能用央视的创新经费，帮助我完成一个 30 分钟的纪录电影——3D 的电影版《国脉》。"闫东的全新尝试，得到央视和国博的全力支持。"我还特别邀请了曾执导南非世界杯官方纪录片的菲尔·杭浦菲斯，作为该片的艺术指导。"

时间紧、资金也不充裕，闫东想尽办法勒紧裤腰带，提高创作效率。2013 年春节前的一个多月，创作团队把"据点"扎在东交民巷的一家小招待所，因为从这里"腿儿着"去，十几分钟就能到达国博。北京冬日的寒风中，他们每天踏霜而出，戴月而归，接着又是挑灯夜战，一边看素材一边讨论创作思路。菲尔·杭浦菲斯也被中国同行的敬业精神打动，全力以赴给予业务指导。3D 电影，全新的技术手段，这不仅对闫东来说是第一次，对央视也是第一次，一群执着的充满理想主义的纪录片"匠人"，凭着对纪录片的热爱、专注和精益求精，凭着对中国悠久历史文化的深厚情感，克服重重困难，最终完成了这次"零的突破"，实现了传统文化与现代科技的完美交融。

2013 年的国家博物馆日，国博特意把一个近 300 座的学术报告厅升级为数码影院，3D 电影《国脉》在此首映。从此，3D 电影《国脉》成为国博一道特别的风景，深受国内外各界人士特别是少年儿童的欢迎。国博社会教育宣传部主任黄琛说,如今许多中小学组织学生到国博参观,都会特别指定要观看 3D 电影《国脉》。"一开始影片影响力还不大的时候,学校并没有把看这部片子当成必选,只是觉得有一部电影看当然更好,但是他们发现,孩子们看完电影再去看展览,就都收起了玩乐的心思,脸上多了几分认真和专注,那是对文物、对历史的敬畏和尊重。所以现在学校来参观,如果不给他们安排播放这部电影,他们都不干啦。"

近 5 年过去,如今已有几十万观众在国博看过 3D 电影《国脉》。闫东说:"与几千万、几亿的票房相比,我更在乎在这么一个小影院里,细水长流地,有这么多年轻的观众看过我们的电影,感觉特别温暖。"

大胆挑战——再做第一个吃螃蟹的人

事隔多年,闫东又一次做起"第一个吃螃蟹的人"。不过让他更有信心的是,如今人们对纪录电影的态度正在扭转,纪录电影的尴尬境遇正在改变,一批制作精良、立意深远、内容扎实的优秀纪录电影,如《我们诞生在中国》《我在故宫修文物》《二十二》等,都在年轻观众圈子里赢得了口碑和赞誉,票房也不再惨淡一片,这也印证了闫东一直对纪录片的坚守，"越是真实的，越是有力量的"。有人说，闫东进军电影圈是"跨界"，但在他看来，这是对界别的旧式理解。在信息时代，纪录片"不存在什么'跨界'，我永远是打造内容，好故事永远是直抵人心的。纪录电影只是形式，实际上考验的还是对纪录片的认识"。

近30年来，闫东一直奋战在纪录片创作一线，对纪录片产业发展的方向趋势乃至观众口味的把握都十分精准。他的《1937南京记忆》被日本最大的视频网站NICONICO购买；《东方主战场》国际版《改变世界的战争》登陆澳大利亚最有影响力的纪录片播出平台Foxtel历史频道；《孔子》国际版在欧洲纪录片权威频道法国Arte电视台黄金时段播出。"这些片子全是100分钟，一部电影的长度，虽然没有做电影版，但是通过它们，我已经把国外观众的胃口都调研了。"与此同时，电视版《港珠澳大桥》的播出，更是"完成了和观众的一次互动"。

闫东有信心，他能最大范围地"网住"观众。"信心不是一开始就有的，是在调研、创作过程中不断积累、反馈得来的。电视纪录片收视火爆，赢得一批年轻观众的心，好，那我就继续爬坡，再以纪录电影的形式深入到院线的年轻观众层面。"

港珠澳大桥"中国结"桥塔

合：电视版和电影版的珠联璧合

2017 年 10 月，电视版《港珠澳大桥》在 Discovery 探索频道播出，十多个国家和地区收看。越来越多的海外网友开始加入到"大桥"热点话题的讨论之中。网友 Victor Chan 为之赋诗曰："紫荆花开二十年，珠澳大桥与港通；从此往来加密切，商机互惠更辉煌。"在西方主流媒体播出，与国内实现"同版同播"，而且完全是按照商业模式播出，绝非赠播，这说明以《港珠澳大桥》为代表的中国主旋律纪录片已经获得世界的认同，闫东关于"中国主旋律纪录片正在成为世界主旋律纪录片，这个主旋律就是构建'人类命运共同体'"的认识，已经在世界纪录片领域获得广泛认同。然而几乎与此同时，在国内，电影版《港珠澳大桥》的创作却几乎陷入瓶颈。

攻坚克难——大银幕和小荧屏完全不是一回事

电影版《港珠澳大桥》创作达半年之久，这远远超出闫东的预料。原本他想三四个月就能结束战斗，80分钟的纪录电影，有两集100分钟的电视纪录片做支撑，应该很快就能解决电影的结构问题，但没过多久，初涉电影江湖的他就被"打了脸"。

"大银幕和小荧屏完全不是一回事。相比较而言，大银幕的视觉精美度、音响冲击力要求更高。如果考虑到观众已经看过电视纪录片的情况，还要把他们吸引进电影院，那就要提出与电影相适应的更高的标准。同时，电影纪录片故事性还要更加圆满，故事线要更加清晰。电视纪录片上下两集，可以各有侧重，但一进入电影院，不管多少分钟，观众一定是希望一口气看完，不可能还有中场休息。在那个黑屋子里，有一点看不下去，观众都会中途离开，你要是再来一个中场休息，他们干脆就回不来了。"闫东说。

科学的创作流程和项目推进模式，给了闫东更多信心，他召集所有创作人员开会，决定"推翻前作，一切重来"，尽管深知"大家已经很辛苦"，但他还是"狠狠心"，强调要"重新看素材，认真看素材，深入看素材，不要以为电视版做得还不错就是把素材吃透了，要打破电视版的框架和壁垒，通过对素材的再发现、再思考、再认识，再一次激活创作"。

扎实的电视版创作，为之后的电影版创作打下了坚实基础，这凝聚了闫东和创作团队无数的良苦用心。"素材的完备性、珍贵性、持续性是基础，素材短斤少两，我们再做电影就会很狼狈，信心也会打很多折扣。"

那段时间，闫东在脑海里不断问自己同一个问题：观众为什么掏钱买票看你的电影？当网友纷纷赞叹电视版将港珠澳大桥拍得"美哭了"的时候，闫东却有自己的担忧。"工程拍得越漂亮，你会越害怕，人物、情感、细节做得不够的话，你让观众在漆黑的电影院里不断看美的镜头，能受得了吗？不审美疲劳才怪。人家也没约定花了钱就必须看完。""如何留住观众"是闫东和他的团队需要直面的问题。

随着一次又一次的碰撞和交流，纪录电影的故事线渐渐清晰起来。"在电视版中，岛隧工程项目总工程师林鸣领衔的海底隧道沉管安放环节就十分抢眼，我们开了无数个会，无数次讨论之后，最终决定把安放最后一节沉管 E30 的压轴大戏，作为电影版全片的主线。"闫东说，一个 E30，就把故事的矛盾点、冲突点、戏剧张力，都集中在一处。电影版不仅呈现了 E30 的曲折安放过程，也呈现了电视版没有的 E15 "走麦城"的经过。"E15 失败的基础上，才有了 E30 的成功，港珠澳大桥这一世界级工程的背后，可能是无数个 E15 和 E30 的故事。"

与电视版相比，电影版的人文因素得到进一步强化，故事性更强，人物刻画也更细致。在横空出世的伟大海上工程震撼心灵的同时，生动塑造了以总工程师林鸣为代表的中国桥梁人的形象。在闫东看来，林鸣"是一个内心非常强大的、坚毅的、果敢的、有耐心、有智慧的人，内心强大、包容，勇于担责，敢于挑战，同时他也是一个很有生命感、有情趣的人。他用新手开车请不起教练，只能自己找方法，来形容初建港珠澳大桥时的境遇，非常贴切生动。我想观众看了之后，也会为中国制造这种强大的自主知识产权能力而感到自豪。当一切尘埃落定之时，夜色中林鸣在甲板上独自一人回味这些年酸甜苦辣的背影，让人忍不住落泪。我相信感动我的，也一定能够感动观众"。

"我觉得拍大桥就是拍人，拍中国人。"闫东说。建桥过程中那些有名的、无名的各类工种的劳动者，他们的创造性劳动，体现出中华民族的骨与魂，从而赋予了港珠澳大桥独特的人格魅力，反过来也让观众对工程有了更多领悟和认识。

影片即将结束时，主创还精心设计了让普通劳动者在大银幕上祖露心声。"港珠澳大桥，是我造的！"一张张质朴的笑脸，一句句充满骄傲的话语，将观众的爱国热情点燃。"表面上是个体在发声，实际上这就是真正的中国声音！"闫东还琢磨着，要在片尾字幕处写上参与港珠澳大桥建设的所有中外团队的名字，以此向他们致敬，"港珠澳大桥，是以中国人为主体的世界桥梁史上的优秀团队，给人类的一次惊喜。"

激活创作——通过桥的变化来看中国人民命运的大变化

看过电视版再看电影版，你会发现，电影版实际上已经是全新的另一部片子。"故事永远是正在发生的。故事和大桥建设一起成长。"2017 年 8 月，最强台风"天鸽""帕卡"登陆广东，可谓验收通车前大自然对大桥的一次大考。许多大树被连根拔起，大桥却稳稳屹立，岿然不动。这组惊心动魄、充满鲜明对比的镜头，被放在电影版的开篇，带来强烈的视觉冲击力。"这就是真实的力量，相信年轻观众会有共鸣。"

电影版之"新"，除了新的素材，还有新的理解。"做电影的时候，我们的思考更深入了，对素材的理解也更进了一层。"闫东说，如果说电视版的作用是给观众"扫盲"，那么电影版会让观众对大桥的理解从宏观进入微观层面。

创作电影版时，闫东特别邀请了中国新闻社原副社长、著名纪录片导演陈光忠担任了艺术顾问。电视版上映时，陈老就撰文称该片"通过桥的变化来看中国人民命运的大变化"，是"主旋律中的最强音，某种角度说是中国好声音。"20 世纪 50 年代，当陈光忠"还是一头黑发的小伙子"时，他就参与拍摄了纪录电影《武汉长江大桥》。半个世纪过去，又一部以桥为主题的纪录片，让他追忆起自己的青春岁月。共同的对纪录片事业的坚守，对"让事实说话"的执着，让陈光忠与闫东惺惺相惜，这对忘年交在头脑风暴中，碰撞出许多灵感火花。

电影版《港珠澳大桥》，采取了双线并进的叙事模式，一条明线，记录了港珠澳大桥在世界建桥史上的奇迹，揭示了超级工程背后中国制造自强不息、砥砺前行，努力展现中国形象、实现中国梦

著名纪录片导演陈光忠在《港珠澳大桥》电影版创作会上发言

想的故事；一条暗线，则让中国建桥史也与港珠澳大桥一同浮出海面，一座座"中国桥"，巧妙地建构起贯通古今的时空线索，让观众由"桥史"而观"国史"。

在电影版中，引入更多电视版没有的独家素材和珍贵历史画面，闫东也终于和他一直崇拜的桥梁泰斗茅以升来了一次跨时空的对话。20世纪30年代，茅以升带领工程技术人员攻克80多个难题，在急流汹涌的钱塘江上建起一座长1453米、高71米的铁路公路两用双层大桥。钱塘江大桥，是中国第一个自行设计、自行制造的大型现代工业项目。"但为了抗战，茅以升亲自设计在桥中预留炸药，更是亲眼看着100多根引线接好，一声巨响，大桥被炸毁。"造桥是爱国，炸桥也是爱国，在积贫积弱的中国，茅以升留不住凝聚他心血的钱塘江大桥，只有强大繁荣的中国，才有了港珠澳大桥长虹卧波，联通世界。中国桥梁的血脉延伸，它的背后是自力更生、自强不息的中国精神！

闫东坚持，将这段故事放入影片之中。"有人说，历史的东西过多，可能会分解工程建设的主题，但这样的故事，难道作为导演我们不应该让观众知道吗？"武汉长江大桥、南京长江大桥、红旗渠……对中老年观众来说，可能是一种怀旧和记忆的回归，而闫东更期待，年轻观众能够从中找到一份文化的认同和自豪。"相信不同年龄层的观众看了，会有不同的感动。"

脱胎换骨——我对得起观众了

日子在一轮一轮的审片、修改中过去，每一次阶段性看片会，闫东都坚持要请一些年轻朋友到场，请他们畅所欲言观影感受，且强调要"讲真话"。这些人里，有年轻导演，有媒体同行，还有刚从海外留学归来的学生，闫东尊重每一个观众，对每一个由衷而发的意见都入耳入心，在他看来，闭门造车出不了好片子，开放的态度才能得到真实反馈。"多来一个人，就比我们自己考虑问题周到，发言没有对错，都能丰富我们的创作思路。"

后期，闫东放手"让专业的人做专业的事"，由专业的电影公司加入进来，完成声音和动画方面的制作。而在此之前，他花了相当多的时间和相关团队探讨交流，寻找共识。他的要求是："你们要对内容有感觉，做出来的东西才有感染力，有升华。"

看着电影版一点点脱胎换骨，闫东心里是满满的欣慰。"我们努力到了，它已经是一个作品了，我觉得我对得起观众了。如果说大桥的桥、岛、隧是珠联璧合，那么我们的电视版和电影版，也是珠联璧合。"参与创作的每一个纪录片人，都把对大桥的感情埋藏进光影声画之中。"否则画面不会那么饱满，充满感情。我希望观众不光能感受到眼前故事的跌宕，也能感受到背后纪录片人的情怀。"

2017年12月，16集系列纪录片《行进中的中国光影》在央视科教频道播出，从电影类型创作与市场的双重角度，全景式地展现了新世纪以来中国电影在各个类型创作方面取得的成就。最后一集纪录篇，就提到了闫东导演的 3D 电影《国脉》和电影版《港珠澳大桥》。

片中评价，"《港珠澳大桥》的精心制作，充分体现了主创团队的文化自信。他们以理性真实的艺术呈现，让作品像大桥一样联络贯通世界之心，给世界讲述港珠澳大桥的故事。创作者有意识地把工程的施工过程同中华民族的历史梦想同我们悠长的桥文化的智慧与哲理，艺术地链接，把技术含量转化为人文含量。作品的成功在艺术上不仅将海上建桥过程始终赋予人性化、情感化的血肉相连，让我们感受到用钢筋水泥和高科技建造的海上大桥，是有呼吸感和生命温度的。这种刚柔并济的人文关怀，带出了港珠澳大桥的纪实性的艺术风格和充盈着底气、志气、大气和锐气的独特文化气质。"

作为央视科教频道节目部副主任，闫东也是《行进中的中国光影》的监制、总制片人，但他却毫不避讳自己的作品在其中的分量。当问到是否担心被人说"老王卖瓜，自卖自夸"，闫东笑道："拿作品说事，没啥好担心，这些作品经得起任何检验。"

不断拼搏——做喜欢的事，挺幸福

一个电视纪录片的投资规模，却连电影版都做出来了，闫东甚至毫不讳言，自己对电影的票房有期待，同行纷纷惊叹。问及经验，闫东说："前期按科学规律做事，让我们很好地节约了不必要的开支，也让我们更能放开手脚。"

说来简单，背后的辛苦煎熬却从未为外人道。人前的闫东，总是满面笑容、充满干劲地给团队鼓劲儿、打气，好像不知道什么是累，而事实上，每一个决策背后，他都扛着巨大的压力。

"我也不是铁人，老是那么亢奋，那是做片子时候的状态，晚上大家一走，我就瘫那儿了。"闫东坦言，"我特别理解林鸣，特别理解他在沉管安放的前夜，做出每一个重要决策时的心情，因为我做大纪录片也是这样。决策最后在我这儿，责任最大也在我这儿，每做一个决策我都要真正想深想透，我说一句模棱两可的话，对团队的伤害是很大的。"

闫东待在影视之家创作基地的时间，比在家里要多得多。"当年做《大鲁艺》的时候，我曾在这屋里三天三夜没下楼。"他房间的桌上、地上堆满了书籍和资料，有客来访时，要稍微清理一下才能腾出座位。"一般和我接触的人，通常觉得我很外向，喜欢交往，但我一个人待在这小空间时，喜欢安静，安静下来可以多琢磨事。"无数个晚上，他在这里房门虚掩，和衣而睡，方便一些熬夜做片子的导演，有事随时找他商议。"有问题，现场就把它铲掉，他再投入创作，就会特别轻松。"

　　一说到创作，闫东又兴奋起来，手舞足蹈像个孩子。除了即将收官的电影版《港珠澳大桥》，他还在和国外团队合作纪念马克思诞辰200周年的大型纪录片《马克思》。"今年是改革开放40周年，我想要聚焦深圳；要是有大投资找我，我就做马可·波罗。"

　　一年365天，闫东几乎天天都在琢磨片子。问及不想片子时会做什么，闫东罕见地发了一会儿懵："看书吧，做《孔子》就研究儒学，做《港珠澳大桥》就研究桥梁史，需要学习的东西还很多，有些东西温故知新，又会有新的心得。所谓创新，就是以当下视角、当下语境，用与时俱进的思维，重新演绎故事，难度就在这里。"

　　没过两句话，这不又说回片子了吗？闫东笑了："没有个人生活？我觉得我做的事是我喜欢的，已经挺幸福啦！"在他看来，中国纪录片发展已经进入历史最好时期，他也正处于创作生命的旺盛期，不忘初心，牢记使命，抓住机会，大有可为！

　　两年多时间，用心去感受、用镜头去记录港珠澳大桥的成长，"我觉得我们也非常幸福地融入它的建设者之中，感觉很温暖"，闫东说。"但不管是电视版还是电影版，我们的纪录片只是为大桥的精彩亮相开了一个场，大桥的故事永远是多元的、开放的，期待未来去续写。大桥通车时，我们也会在现场记录，不过，也许那就是另外一部片子的开始了……"

　　闫东和他的团队用一部部精彩完美的纪录影片，让中国的主旋律作品成为世界共观、共享、共赞的大国之作。新时代为他们提供了源源不断的创作灵感和拼搏激情，在中国纪录影片走向世界的新征程中，他们一定会成为世界主旋律影视作品的先锋力量！

纪录片《港珠澳大桥》创作团队

港珠澳大桥（局部）

附录一：纪录片《港珠澳大桥》创作人员名单

总策划

张　宁　张惠建　韦东庆　房　祁

总监制

阚兆江　张　方　陈一珠　施燕峰

监　制

张广义　郭　琳　李宏荣　Vikram Channa

总制片人

闫　东

制片人

林庆坚　白　丽　郑园　侯展宗　陈晓军

总导演

闫　东

执行总导演

Kenny Png　李　凯

撰　稿

Kenny Png　阎晶明　邓　武

执行制片人

张远聪　薛永康　李　凯　邓　武　聂丛丛

导演组

Dixie Chan　张亦载　刘肖榕　张　浩

吴胜利　Sam　姜　巍

摄　像

Jaye Neo　王鸿江　朱学峰　张汉　张侃宁

Albert Hue　Wu Hai-Tao　王春添　熊向坤

翻　译

陆　星　桂　嘉　Tord Svendsen Loevdal

配　音

方　亮

音乐编辑

毛薇薇

航　拍

张　浩　赵林军　查　骏　宋　晨　卢　瑞

摄制助理

马　迪　陈永浩　郑志明　赵　博　杜　威

技术总监

智　卫　崔建伟

技术监制

栗小斌　姚　平　但　京　关朝洋　刘　茹

混音合成

和　丰　张　爽　王　岚

版　权

郑　直　严　波　许　涛　黄　芳　达　红

节目统筹

洪丽娟　王立欢　张德宏

秦　翊　张学敏　翟　环

宣传统筹

陈　忠　郭卫翔　苑文刚　赵军胜

宣传推广

赵京津　刘　铭　黄丽君　李金华

裴　宁　石　岩　田楚韵　孙莲莲

朱宏展　张　兰　段晓晨

新媒体监制

钱　蔚　罗　琴　晋延林　宋维君　魏驱虎

新媒体执行

赵军胜　王敬东　苏春黎　张　莉　邢　明

刘　亮　田　宏　王玉西　刘　積　常　磊
张　竞　张曦健　孙　静　梁冰雪　胡　悦
　　　赵　文　张延利　董九歌

后期制作
伍　旸　苏　娇　刘天宇　王　凯　黄　骥

后期统筹
孙　凯　李　艺

资料监制
倪代光

资料编辑
韩雪乔　潘　腾　李志远　张　然

视觉设计
江　涛

制片主任
王建彤　韩仲鹏　丘文惠

制　片
唐丽娟　王爱爱　郭志勇　龚　娟　葛任海

鸣　谢

国务院国资委宣传工作局

本节目音像制品由

中国国际电视总公司出版发行

同名图书由

中国国际出版集团

新世界出版社有限责任公司出版发行

中宣部、国务院新闻办"纪录中国"传播工程项目

中央电视台科教频道

港珠澳大桥管理局

Discovery 探索亚太电视网

广东广播电视台

珠海广播电视台

联合摄制

2017 年 6 月

附录二：港珠澳大桥主体工程主要参建单位

（一）初步设计

中交公路规划设计院有限公司（主办人）

丹麦科威国际咨询公司

奥雅纳工程顾问

上海市隧道工程轨道交通设计研究院

中交第一航务工程勘察设计院有限公司

（二）设计及施工咨询

上海市政工程设计研究总院（主办人）

林同棪国际集团

荷兰隧道工程咨询公司

广州地铁设计研究院有限公司

（三）主体工程质量管理顾问

莫特麦克唐纳有限公司

莫特麦克唐纳咨询（北京）有限公司

（四）试验检测中心

广东华路交通科技有限公司（主办人）

江苏省交通科学研究院股份有限公司

（五）测量控制中心

中铁大桥勘测设计院有限公司

（六）岛隧工程设计施工总承包

中国交通建设股份有限公司（总牵头人）

中交公路规划设计院有限公司

艾奕康有限公司

丹麦科威国际咨询公司

上海城建（集团）公司

上海市隧道工程轨道交通设计研究院

中交第四航务工程勘察设计院有限公司

（七）岛隧工程监理

中铁武汉大桥工程咨询监理有限公司（牵头人）

广州港工程管理有限公司

广州市市政工程监理有限公司

（八）桥梁工程施工图设计阶段勘察设计（DB01标）

中交公路规划设计院有限公司（主办人）

日本国株式会社长大

（九）桥梁工程施工图设计阶段勘察设计（DB02标）

中铁大桥勘测设计院有限公司（主办人）

合乐集团有限公司

（十）桥梁工程钢箱梁采购与制造（CB01标）

中铁山桥集团有限公司

（十一）桥梁工程钢箱梁采购与制造（CB02 标）

武船重型工程股份有限公司

（十二）桥梁工程土建工程施工（CB03 标）

中交第一航务工程局有限公司（主办人）

中交第二公路工程局有限公司

（十三）桥梁工程土建工程施工（CB04 标）

广东省长大公路工程有限公司

（十四）桥梁工程土建工程及组合梁施工（CB05 标）

中铁大桥局集团有限公司

（十五）桥面铺装工程施工（CB06 标）

重庆市智翔铺道技术工程有限公司

（十六）桥面铺装工程施工（CB07 标）

广东省长大公路工程有限公司

（十七）桥梁工程钢箱梁、组合梁及索塔钢结构第三方试验检测

江苏法尔胜材料分析测试有限公司

（十八）桥梁钢箱梁制造监理（SB01 标）合同段

中国船级社实业公司

（十九）桥梁钢箱梁制造监理 (SB02 标）合同段

　　武汉桥梁建筑工程监理有限公司

（二十）桥梁工程土建工程施工监理 (SB03 标）

　　铁四院（湖北）工程监理咨询有限公司（主办人）

　　广州南华工程管理有限公司

（二十一）桥梁工程土建工程施工监理 (SB04 标）

　　西安方舟工程咨询有限责任公司（主办人）

　　中国船级社实业公司

（二十二）桥梁工程桥面铺装工程施工监理 (SB05 标）

　　西安方舟工程咨询有限责任公司

（二十三）交通工程施工图设计

　　北京交科公路勘察设计研究院有限公司

（二十四）交通工程施工（CA02 标）

　　中国铁建电气化局集团有限公司（牵头人）

　　中国铁建电气化局集团第一工程有限公司

（二十五）交通工程施工监理（SA02 标）

　　重庆中宇工程咨询监理有限责任公司（牵头人）

　　珠海电力工程监理有限责任公司

（二十六）房建工程施工图设计

　　广东省建筑设计研究院

（二十七）房建工程施工（CA01标）

　　湖南省建筑工程集团总公司

（二十八）房建工程施工监理（SA01标）

　　广东重工建设监理有限公司

港珠澳大桥珠澳口岸出入口

后记

    2018 年 8 月 5 日，北京电视台大剧院，2017 年度优秀国产纪录片及创作人才扶持项目颁奖晚会在此举行，其中优秀国际传播类作品颁给了电视纪录片《港珠澳大桥》，这是该片继 "中央电视台2017 年度优秀特别节目一等奖""2017 年度中国十大纪录片"和"2017年度中国最具影响力十大纪录片"后，获得的又一殊荣。

    电视纪录片《港珠澳大桥》（100 分钟，上下集）是 2016 年度中宣部、国新办"纪录中国"传播工程重点项目和中央电视台 2017年庆祝香港回归祖国 20 周年的核心项目。由中央电视台科教频道（CCTV-10）、港珠澳大桥管理局、美国探索频道（Discovery）、广东广播电视台、珠海广播电视台联合制作。央视科教频道闫东任总导演。

    8 年多时间里，中央电视台、广东广播电视台和珠海广播电视台精诚合作。在港珠澳大桥管理局的全力支持下，创作组的身影出现在大桥建设的每一个重大工程节点，与建设者一同度过了无数不眠之夜，记录着他们的壮举，感受着他们的苦与乐。

    2017 年 6 月 30 日和 7 月 1 日，电视纪录片《港珠澳大桥》先后在央视科教频道（CCTV-10）、综合频道（CCTV-1）和中国国际电视台（CGTN）播出，节目在央视网各终端覆盖人数近 4.5 亿，全网点播次数超 3754 万次，收获国内外热烈反响和高度评价。不久，美国 Discovery 探索频道也同版进行了播出。

    《文艺报》在题为《电视纪录片〈港珠澳大桥〉"世纪工程"的礼赞》的文章中这样写道：《港珠澳大桥》"巧妙实现了国家战略与价值观输出的珠联璧合，兼备政治意义、社会意义和国际传播意义……"中宣部新闻局第 255 期《新闻阅评》刊文认为，该片点燃了观众的爱国热情，"为纪念香港回归祖国 20 周年活动添加了浓墨重彩的一笔"。

就在电视片引起热烈反响和高度评价的同时，创作组开始了另一次创新的艰难历程，对原有素材深入挖掘、重新解构、重新补拍，创作一部与电视版完全不同的电影版纪录片。

历时一年，一部时长 75 分钟的电影纪录片终于完成，片名还叫《港珠澳大桥》。

如果说电视纪录片《港珠澳大桥》的结构像一个万花筒，将大桥主体工程桥、岛、隧三大部分的设计理念和施工过程逐次呈现，那么电影纪录片《港珠澳大桥》的结构则以线形发展为特点，人文因素得到进一步强化，故事性更强，人物刻画也更细致。

从电视纪录片到电影纪录片，我们得到了国家电影局、国资委和交通运输部的大力支持，它们为影片创作提供了宝贵的意见，中影股份则派出最强的团队做影片的宣发工作。

我们知道，纪录片是以影像和声音记录历史与现实，传递思想文化；而图书则以图文的方式传播知识，传承文化。两者各有特点，互为补充。

因此，新世界出版社自 2004 年起，就开始关注闫东导演的作品，合作出版了多部根据其优秀纪录片改编的图书，包括《东方主战场》《1937 南京记忆》《孔子》《长征》《百年小平》《为了不能忘却的记忆》等。这些图书以中、英、日、俄、法等多种语言出版，亮相法兰克福书展、伦敦书展、美国书展、北京国际图书博览会、印度书展等国内外大型书展，受到国内外读者广泛关注。其中，《东方主战场》获中国外文局 2016 年度优秀外宣图书奖。

这些书将纪录片中的中国故事转化为纸质图书，用图文并茂的方式传播给更多受众，丰富了纪录片传播的手段，拓展了纪录片传播的领域，可谓是"珠联璧合"。

　　本书的出版计划得到了中国外文局的大力支持，将以中、英、葡三个文版出版发行，让更多国内外受众了解港珠澳大桥，了解中国工程建设领域的成就，了解中国工程建设者的精神。

　　谨以此书，献给港珠澳大桥的建设者！

纪录片《港珠澳大桥》创作组
2018 年 8 月